列島の戦国史3

大内氏の興亡と西日本社会

長谷川博史

吉川弘文館

企画編集委員
池　　享
久保健一郎

刊行のことば

関東の享徳の乱（一四五四年〜）、京都を中心とする応仁・文明の乱（一四六七年〜）に始まり、大坂夏の陣（一六一五年）をもって終結するとされる戦国時代は、日本史上最も躍動感にみなぎる時代であり、多くの人々の関心を集めている。ＮＨＫ大河ドラマの舞台の圧倒的多数がこの時代であるのは、その証左といえよう。そこでは、さまざまな英雄が登場し、戦乱を乗り越え時代を切り開いていった姿が描かれている。

甲斐の武田信玄が定めた「甲州法度之次第」で、「天下」は「戦国」なのだから、すべてに優先して武道に励み武具を用意することが肝要だとされているように、戦国時代はまさに戦乱がうち続く世の中だった。それでは、なぜそのような世の中になったのだろうか？　ふつう思い浮かぶのは、足利幕府が弱体化し権威が失墜したため、実力がものを言う分裂抗争が広まったということだろう。その勝者が戦国大名となって群雄割拠の時代を迎え、「天下」をめぐる争いの末、徳川氏が勝利を収め太平の世を生み出したとされるのである。こうした考え方は、新井白石の

『読史余論』や頼山陽の『日本外史』などでも示される、江戸時代以来の通説であり、今日に至るまで強い影響力を有しているといえる。

しかしこれだけなら、単に全国政権が足利幕府から徳川幕府に変わり、社会は平和を回復したということで終わってしまう。実際には、足利幕府と徳川幕府はともに武家政権だが、その支配のやり方は大きく違っていた。たとえば、検地や宗門改を通じて全国の土地や住民を把握することなど、足利幕府も含め中世の国家権力が行ったことはなかった。それだけ、国家による社会や民衆の掌握・管理が強化されたのである。戦国争乱は、そうした新しい政治秩序を生み出すための胎動でもあった。しかもそれは、支配者側の意図によってだけでなく、受け入れる社会の側の変化を基礎としてもたらされたものだった。だから、戦国争乱の意味を理解するためには、英雄たちの動きだけでなく、社会のあり方にまで視野を広げる必要がある。しかもその社会は、民衆が日々の暮らしを営む在地から、海を通じて日本列島と結ばれていた東アジアまでの広がりをもっていたのである。

こうした考えに基づいて、「列島の戦国史」シリーズでは以下に示す編集方針がとられている。まず時間軸として、対象時期を四段階に区分し、それぞれの時期の争乱の特徴を明らかにすることである。第一段階は十五世紀後半で、足利幕府の全国支配は動揺するが、享徳の乱にしても応仁・文明の乱にしても、幕府支配体制の内部抗争という性格をもっている。第二段階は十六世紀前半で、管領細川政元が将軍足利義材（義稙）を廃した明応の政変（一四九三年）を契機に、幕府の全国支配は崩れ、各地で守護の家督騒動や守護代の「下剋上」など、新秩序建設をめぐる覇権争いが展開する。第三段階は十六世紀後半で、東の河越合戦（一五四六年）・西の厳島合戦（一五五五年）における、北条氏・毛利氏という新興勢力の勝利に象徴される地域覇権争いの基本的決着をうけて、その覇者である戦国大名同士の領土紛争（「国郡境目相論」）が展開する。十六世紀末へ向かう時期には、中央で生まれた織田・豊臣権力が各地の戦国大名と敵対・連携し、最終的には小田原合戦の勝利（一五九〇年）により全国制覇（「天下統一」）を達成する。第四段階は十七世紀初頭で、新たな全国政権の主導権をめぐる争いが展開し、徳川氏の勝利で決着する。

また空間軸として、京都や畿内を中心にとらえることなく各地域社会の動向を重視し、一方で周辺の東アジア地域の動向にも目を配ることである。前者については、近年、享徳の乱と応仁・文明の乱の連動性が注目されているように、一方的に中央の政治動向が地方に影響を及ぼすというものではなく、地方には独自の政治状況が存在し、かつそれが中央の状況とも関わって進行していくという、いわば双方向的関係があったことを重視したい。織豊権力による全国制覇の過程も、「惣無事」の強制のような服従の押しつけとして描くのではなく、受け入れる地方の側の対応やその背景にも目を配ることが大切である。したがって、地域社会の政治・経済・文化の状況や、それらを踏まえた戦国大名の領国統治の理解が欠かせず、十分にページを割くこととなった。なお、各巻で同じ事柄について異なる見解・評価が示されていることもあるが、執筆者各自の考えを尊重し、あえて一致させていないことをお断りしておく。

本シリーズを通読されることにより、史上まれに見る社会変動期であった戦国時代を、総合的に理解していただければ幸いである。

二〇二〇年三月十五日

企画編集委員

池　享

久保健一郎

目次

五　大内義隆と尼子氏の戦争

海域のなかの西日本——プロローグ

海から見た歴史

宮崎県南部を中心に植生の広がる「飫肥杉《おびすぎ》」は、江戸時代初頭に植林事業がはじまり、近現代に至るまで、日本全国各地へ、さらには大陸に向けて運ばれ、船材や建築材として広く用いられた。飫肥城跡（宮崎県日南市）に林立する飫肥杉を間近に見れば、樹皮の間からのぞく木部の色合いや木香には、いかにも芳醇《ほうじゅん》な雅趣がある。「飫肥杉」は、油分が多くて水に強く、軽量で強靱《きょうじん》、弾力性にも優れているとされ、とりわけ船材として重宝されたものであり、そのことは立木の姿からもよく察せられる。

このような佳木を生み出す気候や風土は、中世以前から引き継がれてきたものであったと推測される。中世のこの地域における船材調達の実相を知ることは容易でないが、この場所で遣明船《けんみんせん》が建造されたことには十分な理由があったとみて間違いない。

十六世紀の前半を通して、飫肥とその港であった油津《あぶらつ》・外之浦《とのうら》を領していたのは、島津《しまづ》氏一族の島津豊州家《ほうしゅうけ》（忠朝《ただとも》・忠広《ただひろ》・忠親《ただちか》）である。なかでも島津忠朝は、細川《ほそかわ》氏・大内《おおうち》氏・琉球《りゅうきゅう》王国をはじめ、京

1―飫肥杉（飫肥城跡）

や堺、瀬戸内海、南海路《なんかいろ》、東シナ海の諸勢力とさまざまな結びつきを持ち、遣明船の派遣や倭寇《わこう》を含む貿易活動と密接に関わる動きを見せている。その飫肥と油津をめぐって、十六世紀の島津氏一族は、日向《ひゅうが》国伊東《いとう》氏との間で血みどろの抗争を繰り広げた。列島内部の対立・抗争が、海域の状況にもさまざまな影響を受けていたことは明らかであると考えられる。

十六世紀は、世界全体が大きな変貌を遂げて、新しい国家や社会のしくみが生み出されていった時代である。人や物の流動化、既存秩序の動揺、新興勢力の台頭が、地球的な規模で進行した。とりわけ十六世紀後半にかけて、アメリカ大陸や日本列島の銀がヨーロッパや中国大陸に流れ込んで、海を越えた交流・物流が飛躍的に拡大した。西ヨーロッパでは、中世ローマ・カトリック教会秩序や封建領主の後退により、絶対王政を含む主権国家体制が生み出され、東アジアでは、明朝が「倭寇」や異民族の侵入により衰退し、朝鮮王朝の通交体制が「偽使《ぎし》」の横行により混乱した。日本列島では争乱が激しさを増して、分裂・抗争が複雑化し、大規模な統合が求められる時代を迎えていった。イベリア半島の王権が主導した「大航海時代」はそれらを促す要因の一つにすぎず、ムスリム商人や中国の密貿易商人を中心とする、国家の枠組みを越えた海商・海賊たちの活発な広域的活動が、既存の国家や秩序を解体に向かわせる原動力となった。

本書が対象とする十六世紀前半の西日本社会も、そのような激動の真っただ中にあった。「西日本」という用語は、あくまでも本シリーズの仮説的な区分に従った呼称にすぎないが、おおむね播磨《はりま》国・但馬《たじま》国以西の本州、四国、九州・南西諸島を念頭においている。この地域は、いうまでもなく周囲を広大な海によって取り囲まれて、明朝・朝鮮王朝や東南アジア地域とつながっていた。

海禁と倭寇

十六世紀の東アジア海域では、いわゆる「後期倭寇」が中国大陸沿岸部一帯において海賊行為・掠奪《りゃくだつ》行為を繰り広げ、猛威を振るった。

明代末の謝肇淛《しゃちょうせつ》『五雑組《ござつそ》』に記された「北虜南倭《ほくりょなんわ》」という言葉は、「韃靼《だったん》（モンゴル勢力）」と「倭奴《わど》（倭寇）」の脅威が明朝を衰退させた最大の要因と見なす考え方を表している。その脅威が最も顕著な形で現れた時代が、十六世紀である。

明朝は、初代洪武帝《こうぶてい》（在位一三六八〜九八）の時代から、民間商人による対外貿易を禁止する「海禁」政策を採ってきた。したがってその貿易体制は、冊封《さくほう》に基づく朝貢《ちょうこう》貿易（遣明使節派遣による進貢と回賜）に限定されていた。しかし、明代中期以降、密貿易の拡大によって海禁政策は次第に実効性を失っていった。十五世紀後半以降の東アジア海域は、多様で広域的な交流・物流がさらに展開し、多くの周辺諸国において海域の統制が困難な状況を生み出していった。日本列島では、応仁《おうにん》・文明《ぶんめい》の乱《らん》以後の政治情勢が、武家諸勢力の系統分裂と対立軸の拡散を促した。明朝では、弘治《こうち》帝《てい》（在位一四八七～一五〇五）の後をうけて即位した正徳《せいとく》帝（在位一五〇五～二一）の治世が、現実逃避的な遊蕩《ゆうとう》と多分に嗜《し》好《こう》的な戦争の繰り返しによって、混乱に拍車をかけた。そして、嘉《か》靖《せい》帝（在位一五二一～六七）の治下において「後期倭寇」は最盛期を迎えた。

「後期倭寇」の実像は、明の密貿易海商を中心とするものであったと考えられており、これに倭人《わじん》（日本列島のみならず、国境をまたぐ境界領域・海域に生きた人々）やポルトガル人などが加わって、国家や民族の枠組みを越える様相を呈していた。最も大きな比重を占めた明の密貿易海商たちの拠点は、杭州《こうしゅう》湾《わん》・舟山《しゅうざん》群島・福州《ふくしゅう》・泉州《せんしゅう》・漳州《しょうしゅう》・潮州《ちょうしゅう》など江南《こうなん》デルタから台湾海峡に面した大陸沿岸部一帯にひろがっていた。明朝が「倭寇」とみなした諸集団において、日本列島出身者が一部にすぎないことは、明政府自体がよく認識していたところである（『明世宗実録《みんせいそうじつろく》』嘉靖三十四年〈一五五五〉五月九日条）。

山﨑岳氏によれば、明代中期以降に里《り》甲制《こうせい》（明代の地方自治制度）が崩れてくると、江南農村で経済的な階層化が進行し、富裕層に対する社会的不満が醸成されて、「倭寇」を契機とする現地当局に対する積極的反抗に発展し、「江南の市鎮および農村部における当局と民間諸集団との内戦ともいうべき様相を呈していた」と指摘されている（山﨑二〇一六）。十六世紀の「倭寇」は、たんなる外来の掠奪者ではなく、明政府によって責任回避のために作り出された虚構や、それに便乗した違法行為も確実に含まれており、中国社会の変化にともなう根深い要因によって引き起こされた現象であった可能性が高い（石原一九六四）。十六世紀は、海禁政策や里甲制に代表される明初体制が最終的に崩壊し、中国社会そのものが、商品経済を発展させ既存秩序を打破する熱気に満ちた時代を迎えていった。

一五二〇年代になると、浙江《せっこう》省の双嶼《そうしょ》や、福建《ふっけん》省の漳州月港《げっこう》など、密貿易の拠点が出現する。やがて東アジア海域に大きな影響をおよぼすこととなる日本銀の輸出も、日本列島への鉄炮伝来も、さらには日本列島における銭貨流通の変動も、こうした「倭寇」の拠点およびその周辺地域の人々の存在を抜きにしては、語ることができない。中国江南は、とりわけ十六世紀の日本列島を理解するために、欠かすことのできない地域である。

大内文化

明応九年（一五〇〇）十一月、周防《すおう》国に滞在していた八十歳の雪舟等楊《せっしゅうとうよう》は、京都にいる弟子の如水宗淵《じょすいそうえん》に宛てて、京都における戦乱を心配し、周防・長門《ながと》両国は戦乱もないので、しかるべき便船を見つけてこちらへ下向するよう誘っている（梅澤記念館所蔵雪舟書状）。当時の周防国山口（山口県山口市）には、大内義興《おおうちよしおき》（家督一四九四～一五二八）にかくまわれた前将軍の足利義《あしかがよし》稙《たね》（当時は足利義尹《よしただ》と名乗っていたが、本書ではのちの実名《じつみょう》である義稙で表記を統一する。将軍在職一四九〇～九五、一五〇八～二一）も滞在していた。

大内氏は、山口を本拠として、周防・長門両国を中心に本州西端と北部九州に多数の守護分国を有していた。中世の山口には、京・堺・博多はもとより、「唐人小路」地名に痕跡をとどめる大陸からの来住者など、多くの商職人が居住していたと思われる。また、小槻伊治《おづきこれはる》・柳原資定《やなぎはらすけさだ》・吉田兼右《よしだかねみぎ》など、

2—四季山水図巻（部分、毛利博物館所蔵）

多数の公家や神道家、宗祇《そうぎ》・宗碩《そうせき》・宗牧《そうぼく》など連歌師《れんがし》たちが、次々に山口を訪れて都の文化をもたらした（山田貴司二〇一九）。

雪舟の画業にも、大内氏の庇護が大きな役割を果たした。雪舟は、若いころに京都相国寺《しょうこくじ》で修行したのち、享徳三年（一四五四）ごろに山口へ下向し、応仁元年（一四六七）から文明元年（一四六九）にかけて応仁度遣明船（大内船）によって入明・帰国し、後半生の多くの時期を大内氏治下で過ごした。文明十八年に描かれ、大内氏から毛利氏へと引き継がれてきた大作「四季山水図巻」（国宝、毛利博物館所蔵）に接するだけでも、その筆の迫力の背後に、大内氏の勢威をうかがい知ることができる。十六世紀の幕開けは、雪舟の最晩年にあたっている（荏開津二〇一九）。

大内氏治下に花開いた大内文化は、さながら総合文化の様相を呈したといわれ、大内義隆《よしたか》（家督一五二八～五一）の時代に極盛期を迎えた（米原一九七六）。大内氏歴代が刊行させた大内版と称される出版事業は、『蔵乗法数《ぞうじょうほっすう》』『金剛経《こんごうきょう》』『法華経《ほけきょう》』などの仏典や、漢詩制作の手引書『聚分韻略《しゅうぶんいんりゃく》』（一四九三年刊行、一五三九年重版）などが知られている。山口の「殿中文庫《でんちゅうぶんこ》」には、『源氏物語』『伊勢物語』、二十一代集がそろった勅撰《ちょくせん》集、『李《り》花集《かしゅう》』『長秋詠藻《ちょうしゅうえいそう》』などの私家集、大内氏詠草《えいそう》、宗祇・兼載《けんさい》の連歌書、『新撰菟玖波集《しんせんつくばしゅう》』、和歌短冊、和歌・連歌懐紙、神道《しんとう》・有職故実《ゆうそくこじつ》・蹴鞠《けまり》・能楽関係書、「貞永式目《じょうえいしきもく》」、朱子新注《しゅししんちゅう》、「大蔵経《だいぞうきょう》」十数部など、膨大な和漢諸典籍・仏典が満ちあふれていたといわれる。それらにまつわる文化的営為は、和歌・連歌の興行をはじめ、大内義隆が清原宣賢《きよはらののぶかた》から『四書《ししょ》五経諺解《きょうげんかい》』を借りて書写させ、京下りの公家も交えて輪読したことなど、まさしく枚挙にいとまがない。大内家の家紋である「大内菱《おおうちびし》」を配した金襴《きんらん》など華麗な錦《にしき》の端布《はぎれ》は、後世に「大内《おおうち》裂《ぎれ》」と称される名物として珍重された。大内氏時代の山口には、和漢の美術作品や、貿易陶磁をはじめとする舶来品「唐物《からもの》」など高級調度品を含む、膨大な文物が集積されていたとみられる。

3—瑠璃光寺五重塔（山口市）

また、十六世紀末に山口から移築されたと伝えられる優壮な禅宗様《ぜんしゅうよう》建築の不動院金堂《ふどういんこんどう》（広島市東区牛田新町）は、その墨書銘に香積寺《こうしゃくじ》（現在の山口市瑠璃光寺《るりこうじ》に所在）住持も務めた心月受竺《しんげつじゅじく》の名や年紀が記されていることから、天文九年（一五四〇）に大内義隆により建てられた可能性が高い。このほか、嘉吉二年

（一四四二）に香積寺境内に建立された現在の瑠璃光寺五重塔や、慶長七年（一六〇二）に山口国清寺《こくせいじ》より移築された三井寺《みいでら》一切経堂《いっさいきょうどう》（滋賀県大津市）など、わずかに残された大内氏時代の建築物は、いずれもきわめて秀逸である。

大内氏は弘治三年（一五五七）に滅亡するが、それに至るまでの十六世紀前半の西日本は、大内氏の存在なくして語ることができない。大内文化の隆盛は、「尚古的・道者的・貴族的傾向」（福尾一九五九）などと評される大内義隆の個人的資質もさることながら、東アジア海域と京都とを結ぶ結節点を基盤に、大陸との交流に裏づけられた富力を有し、京都との関係や外交秩序に独自な立場を形成していった大内氏の歴史的性格にこそ、その最も根本的な要因があったものと思われる。九州南部以南、四国南東部、中国地方東部以東において、大内氏の影響力を過大に位置づけることはできないが、大内氏の視野が現実に西日本全域から東アジアの広い範囲におよんでいたことは事実であり、それは十六世紀前半において最も顕著である。この時期に、京都および畿内地域と、東アジア海域とを結ぶ役割を果たした大内氏の視野の広さは、十六世紀前半の政治的動向が、海からの影響と無縁ではないことをうかがわせている。

ところで、本書が対象とする西日本では、十六世紀の第一四半期から第二四半期にかけて、海域の状況についても、列島内部の政治的動向についても、まるで連動するかのように大きな時代の変化が認められる。そのため本書の前半では、旧来の外交秩序が揺らぎはじめた十六世紀第一四半期を取り

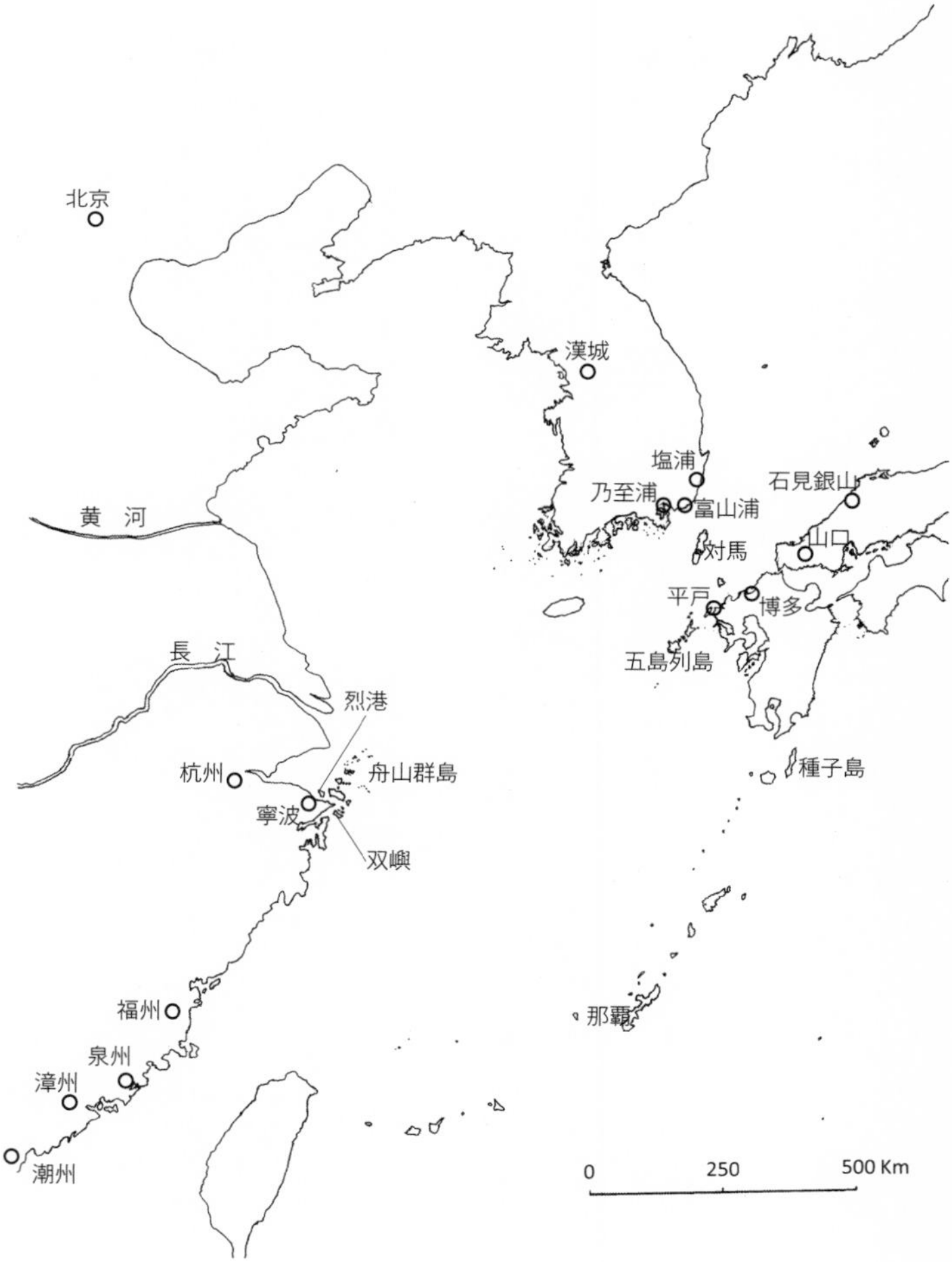

4—東アジア海域関係地図

隠岐国
美保関
富田
伯耆国
天神山
因幡国
此隅山
但馬国
新見
高田
岩屋
美作国
備中国
生野銀山
松山
播磨国
備前国
猿掛
三石
龍野
置塩
砥石
室津
三木
兵庫津
大坂
讃岐国
堺
淡路国
勝瑞
阿波国
安芸

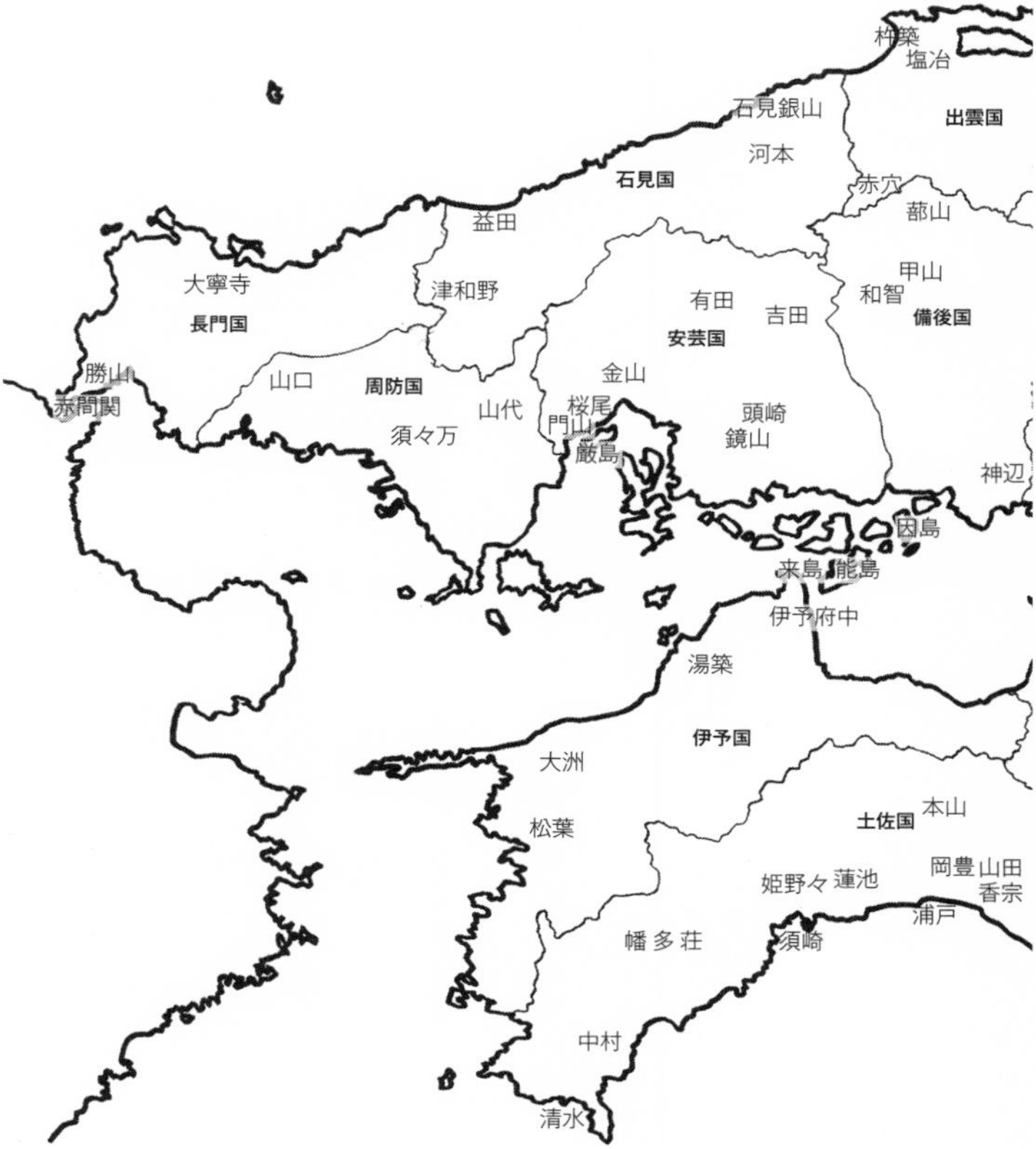

5―中国・四国地方関係地図

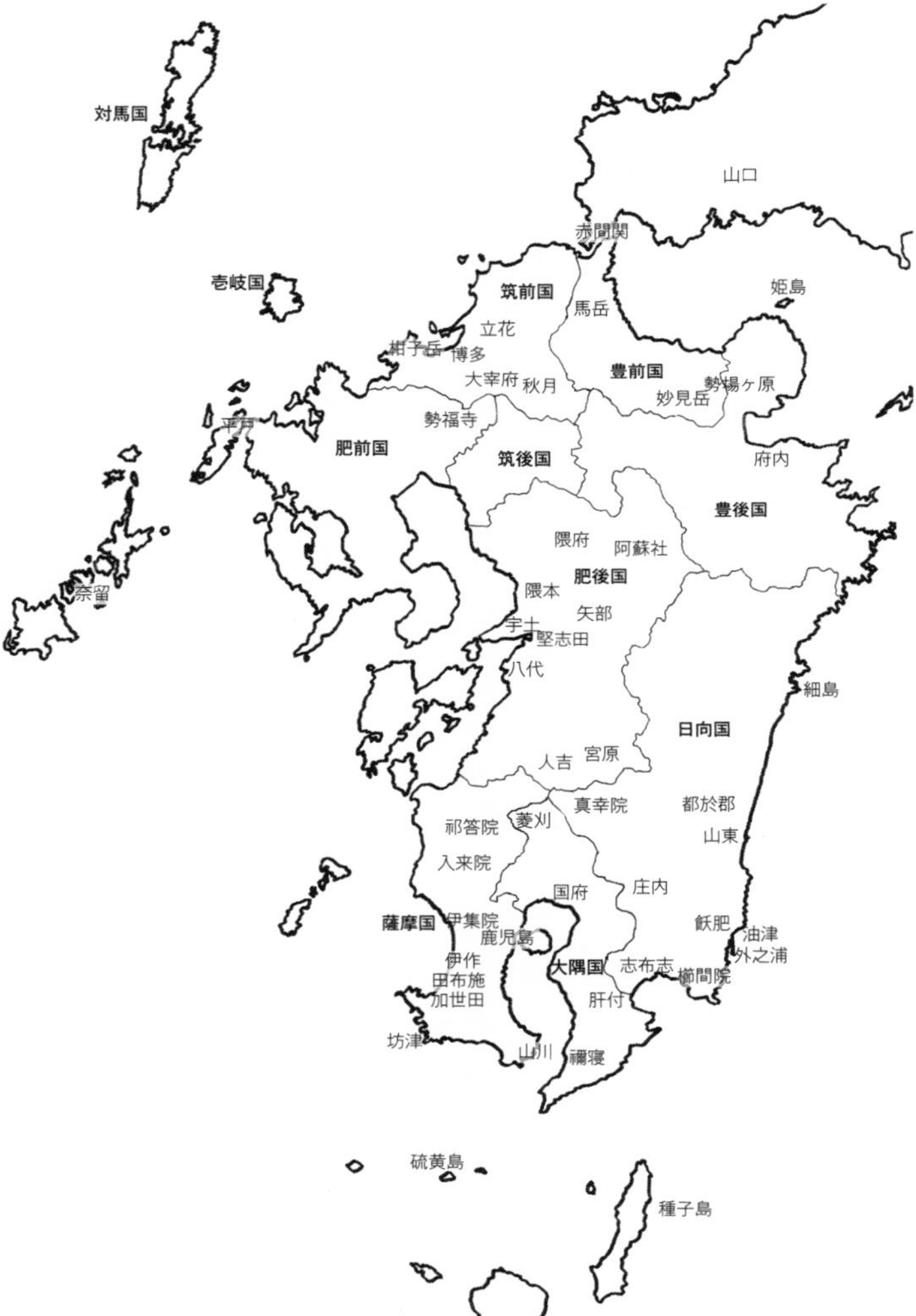
対馬国
壱岐国
山口
赤間関
姫島
筑前国
馬岳
立花
柑子岳
博多
大宰府
秋月
豊前国
勢場ヶ原
妙見岳
平戸
勢福寺
肥前国
筑後国
府内
豊後国
奈留
隈府
阿蘇社
肥後国
隈本
矢部
宇土
堅志田
八代
細島
日向国
人吉
宮原
真幸院
都於郡
祁答院
菱刈
山東
入来院
国府
庄内
薩摩国
伊集院
飫肥
鹿児島
油津
外之浦
伊作
大隅国
志布志
櫛間院
田布施
加世田
肝付
坊津
山川
禰寝
硫黄島
種子島

6—九州地方関係地図

上げ、第一章では、琉球王国の隆盛や、朝鮮王朝・明朝と西日本諸勢力との関係について、また第二章・第三章では、大内氏をはじめとする西日本各地の情勢について、それぞれ概観する。いっぽう、本書の後半では、十六世紀第二四半期に着目し、第四章・第五章・第六章では、西日本各地に現れはじめた新たな政治的動向について、第七章においては、東アジア海域を大きく変貌させていった新たな状況について、述べていく。十六世紀前半の西日本の時代史は、周辺海域のなかに位置づけることによってさらに鮮明に浮かび上がってくるのではないかと思われる。

なお、本書では、日本の年号を中心に年代を示すが、付記する西暦はユリウス暦との厳密な対応を示すものではなく、日本・明・朝鮮の年号の各年の大半の日と重なる西暦年を記している。第一章と第七章については原則として西暦表記を基本とし、必要に応じて現地の元号を付記した。

また引用史料のうち、『大日本古文書』収載の家わけ文書については、文書名を「　」で示し文書番号を、『鹿児島県史料 旧記雑録前編 二』は、『旧記雑録前編二』と略して文書番号を、『増補訂正編年大友史料』は、『編年大友』と略して刊本巻数と文書番号を、『萩藩閥閲録《はぎはんばつえつろく》』は、『閥閲録』と略して原典の巻数と所持者名を、それぞれ付して示すこととした。

一　東アジア海域世界の展開

1　琉球王国の隆盛

琉球文化

江戸時代の琉球《りゅうきゅう》王国は、中国皇帝の冊封《さくほう》をうけた一国家であるとともに、薩摩《さつま》島津《しまづ》氏の統制下にあり、二重支配をうける難しい立場におかれていたが、島津氏による侵攻（一六〇九年）以前には、明らかに独自な道を歩んでいた。沖縄のいたるところに存在する祭祀霊場「御嶽《うたき》」、神女組織「ノロ（祝女）」やノロの頂点に位置して琉球王国・琉球国王を霊的に守護した「聞得大君《きこえおおきみ》」、洗骨した遺骨を入れる厨子甕《ずしがめ》を用いた特徴的な葬送墓制、ウチナーグチ（沖縄方言）、奄美《あまみ》から八重山《やえやま》にかけて広く分布するグスク（城）遺跡など、琉球文化を物語る歴史や文物は、どれをとっても独自性がきわめて高く、独特な文化であることが明らかである。

それらを生み出した基盤には、琉球でなければ得ることのできなかった地元の資源も大きな役割を果たしている。たとえば、『小右記《しょうゆうき》』長元二年（一〇二九）八月二日条に記されたように、琉球特産の「夜久貝《やくがい》（夜光貝）」は京都への贈答品として古くから用いられ、螺鈿《らでん》の材料としても重宝された。十六世紀の琉球では、螺鈿をはじめ、沈金《ちんきん》・箔絵《はくえ》・密陀絵《みつだえ》などの漆工芸が高度に発展を遂げており、硫《い》黄鳥島《おうとりしま》産の硫黄とともに、主力の貿易産品となっていた。

しかし、琉球文化の独自性は、こうした地元の資源によって形成された側面以上に、多文化の融合

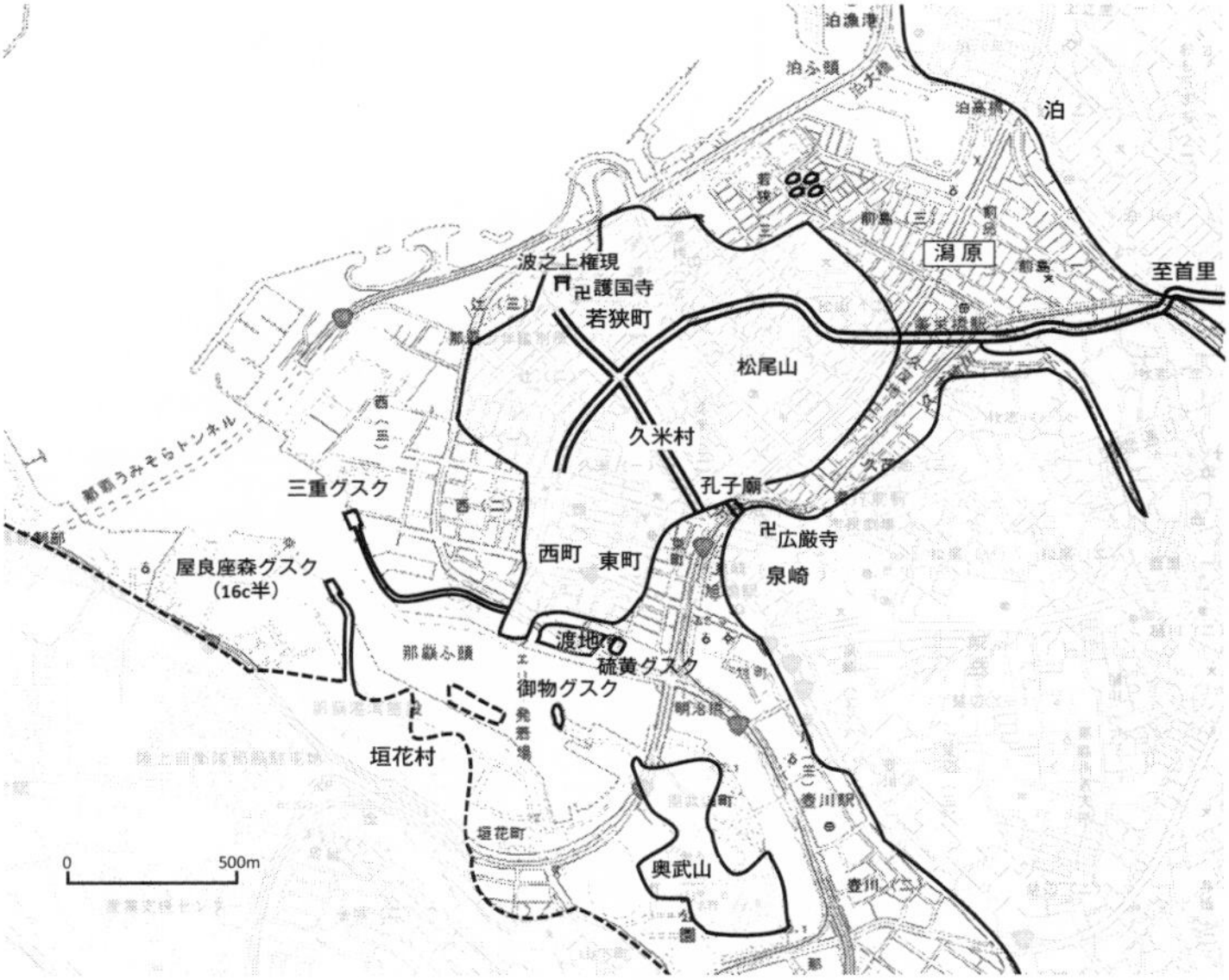

7―16世紀の那覇概念図

や混淆《こんこう》によって生み出された側面にこそ最も大きな特徴があると考えられる。十五～十六世紀に那覇《なは》の中心的港湾として栄えた渡地村《わたんじむら》跡（那覇市通堂町）からは、膨大な数の貿易陶磁が出土しているが、琉球列島各地には、すでに十四世紀以前より、福建《ふっけん》省や博多《はかた》などを経て中国産青磁をはじめとする多数の陶磁器がもたらされていた（日本貿易陶磁研究会二〇一五）。琉球列島の人々は、古くから大陸や日本列島との結びつきのなかで生きてきたのであり、漆工芸の発展も、外来の技術や材料の活用なくして成り立つものではなかった。

　たとえば、琉球音楽を象徴する三線《さんしん》は、十四世紀末から十五世紀に、中国の三《サン》

8—朱漆牡丹尾長鳥螺鈿卓（浦添市美術館所蔵）

絃《シエン》がその製法・調弦法・演奏法とともに伝播し、変容を遂げながら定着したものといわれている。また、『歴代宝案《れきだいほうあん》』は琉球王国による外交文書の集成であり、一四二四年（永楽二十二）から一八六七年（同治六）までの文書を収録しているが、いずれも漢文で書かれている。収載された外交文書の相手先は、明《みん》・清《しん》のみならず、朝鮮・安南《あんなん》・暹羅《シャム》・旧港《パレンバン》・爪哇《ジャワ》・満剌加《マラッカ》・蘇門答剌《スマトラ》など東アジアから東南アジアの広範囲におよんでいる。『歴代宝案』収載文書は、福建省からの移民たち（閩人《びんじん》三十六姓）が管理していたものであるが、彼らは漢文による公文書作成に必要な高度な専門的教養を備えた官僚集団であった。中国三絃も、彼らによって琉球にもたらされたとみられている。

いっぽう、琉球王家尚《しょう》氏に伝来した文物のうち、十六世紀以前にさかのぼるものには、日本（琉球側からみた中世の日本本土・ヤマト）との結びつきを示す文物が残されている。金装宝剣拵《こしらえ》「治《ち》金丸《がねまる》」や黒漆脇指拵「千代《ちよ》金丸《がねまる》」の刀身は、日本刀であり、銀杯洗《ぎんはいあらい》・八角銀脚杯《はっかくぎんきゃくはい》・托付銀鋺《たくつきぎんわん》などは、十六世紀の日本列島や南米大陸に叢生《そうせい》した銀鉱山とのつながりを彷彿とさせるものである。また、「田名《だな》家文書」に残された琉球王府の公文書（最も古いものは一五二三年の辞令書）は、漢字まじりの平仮名で書かれている。沖縄・奄美諸島の古歌謡を琉球王府が採録した「おもろさうし」も、漢字まじりの平仮名書きである。さらに、かつての那覇港があった浮島には、外洋にも面した「若狭町《わかさまち》」（那覇市若狭）が存在し、ここに鎮座する波上《なみのうえ》権現は十六世紀以前からの「琉球国第一大霊現」（袋中良定『琉球神道記』）であった。中世の若狭町・泉崎（那覇市泉崎）・那覇（那覇市西・東町）には、多数の日本からの移住者が居住し、貿易を担う商人として、あるいは通訳などの役人として、琉球王国に用いられたといわれている。このような琉球と日本との関係は、一四五〇年（景泰元・宝徳二）、琉球へはじめて臨済宗《りんざいしゅう》を伝えた芥隠《かいいん》承琥《しょうこ》（?～一四九五）に代表されるように、日本の禅僧たちの活躍によるところがきわめて大きい。彼に深く帰依した琉球国王尚泰久《しょうたいきゅう》は、多くの仏寺を建立し、いくつもの梵《ぼん》鐘《しょう》を鋳造させた（上里二〇一二）。

9—岩山の上に建つ波上権現、および中世以来の海辺とみられる浸食崖

　なかでも、一四五八年に製作された旧首里城正殿《しゅりじょうせいでん》鐘（沖縄県立博物館・美術館所蔵）は、「万国津梁《ばんこくしんりょう》の鐘」とも呼ばれ、京都相国寺《しょうこくじ》の渓隠安潜《けいいんあんせん》が尚泰久の治世を称えて記した「琉球国は南海の勝地（すぐれた場所）にして、三韓（朝鮮）の秀を鍾《あつ》め、大明（中国）を以《もっ》て輔車《ほしゃ》（相互に助け合って離れが

10—万国津梁の鐘（沖縄県立博物館・美術館所蔵）

たいこと）となし、日域（日本本土・ヤマト）を以て脣歯《しんし》（唇と歯のように利害関係が緊密なこと）となす。此《こ》の二の中間に在りて、湧出する蓬莱島《ほうらい》なり。舟楫《しゅうしゅう》（船舶）を以て万国の津梁（世界の架け橋）となし、異産至宝は十万刹に充満せり」という銘文は、国際性豊かな琉球王国の位置づけをあますところなく表現したものとしてよく知られている。この鐘を製作したのも、藤原国善という日本の鋳物師《いもじ》である。

通交関係と博多商人

政治的・軍事的・宗教的・都市的性格など、多様な側面や種類があったと推測されているグスク（城）のうち、石積・土塁・堀切など大規模な軍事的防御施設をともなうものの多くは、各地の在地首長「按司《あじ》」の拠点であった。十四世紀の沖縄本島には、按司たちの政治的連合によって、中山《ちゅうざん》・山南《さんなん》・山北《さんほく》の三王国が出現した。浦添《うらぞえ》グスク（沖縄県浦添市）を本拠とした中山王の察度《さつと》は、一三七二年（洪武五）にはじめて明へ入貢し、明の太祖洪武《こうぶ》帝《てい》から冊封を受けて王の地位を公認された。さらに、一三八〇年には島尻大里グスク（沖縄県南城市）を本拠とする山南王、一三八三年には今帰仁《なきじん》グスク（沖縄県今帰仁村）を本拠とする山北王が、それぞれ明に入貢した。前述の「閩人三十六姓」は、一三九二年、進貢の実務を担当させるために洪武帝の命によって中山王に賜与され、久米村《くめむら》（那覇市久米）に配置・定住させられたものと伝えられている（『蔡姓家譜《さいせいかふ》』）。このようにして、明と琉球との緊密な通交関係が成立した。

一四〇六年（永楽四）、佐敷《さしき》（沖縄県南城市）の按司であった思紹《ししょう》・尚巴志《しょうはし》父子が浦添グスクを攻略し、中山王位を奪取して本拠を首里グスク（那覇市首里当蔵町）に移した。さらに、一四一六年には山北を滅ぼし、一四二九年（宣徳四）には山南を滅ぼして、琉球に統一王国（第一尚氏王朝）が誕生した。

十五世紀前半の琉球は、室町幕府や朝鮮王朝との通交にも意欲的であり、兵庫津《ひょうごのつ》や釜山《プサン》へ向けて毎年のように琉球船を派遣した。しかし一四六〇年代を最後に、とりわけ一四六九年（成化五）のクーデターによって成立した第二尚氏王朝の時代には、日本の畿内や朝鮮への琉球人使節の派遣はほぼ途絶えている。その代わりに、十五世紀半ば以降は日本商人の活躍が顕在化し、琉球使節として一四五〇年代に三度も朝鮮へ渡航した博多商人の道安《どうあん》や、一四八三年に琉球使節として朝鮮へ赴いた博多商人新四郎のように、交易のため那覇港に渡航した日本商人たちが琉球王府からの委託により朝鮮通交を請け負っている。博多商人たちは、琉球王国のあずかり知らない通交証明を独自に創出して、「偽使《ぎし》」を仕立てていった（橋本二〇〇五）。また一四七四年には、室町幕府の承認を得て、堺商人の湯川《ゆかわ》宣阿《せんあ》らが琉球への渡航をはかっている（「島津家文書」二八〇）。

一五〇〇年（弘治十三）に朝鮮王府に到着した琉球使節（正使梁広・副使梁椿）は、約四十年ぶりに琉球人が使節として派遣されたものであったが、その人数は使節団四百七十人中の二十二人にすぎず、ほかはいずれも「倭人」、船も日本の商船であったという(『燕山君日記《ヨンサングンにっき》』)。海を介した通商や外交を実際に担っていたのは、国籍を特定できないような雑多な出自・経歴を有する者を含む、まさに境界領域を生きる人々であったので、こうしたあり方は決して琉球使節のみの特質であったとはいえない。それは、朝鮮通交における「偽使」を生み出す温床でもあった。

しかし、博多商人をはじめとする日本商人が那覇に渡航して拠点を構えたこと、十五世紀後半に琉球船による琉球人使節の派遣が琉球にとって必ずしも重要視されなくなっていったことは、いずれも琉球王国の求心力が相対的に高まっていったことをうかがわせる事実といえる。当時の日本商人にとって、明からの高級工芸品や陶磁器、東南アジアからの胡椒《こしょう》・蘇木《そぼく》などは、琉球においてそれらを入手することが十分な利潤を生み出す流通構造となっていたこと、彼らの活動を利用した通交に、国家や民間諸勢力などの立場を越えて利害を共有しうる条件が存在したことを示している。琉球と東アジア・東南アジア諸地域との結びつきは、国家間の通交関係のみによって生み出されたものではなく、また琉球王国の外交そのものが、外来の民間諸勢力に支えられてはじめて成立しうるものであったと考えられる。

こうした状況が生み出された要因については、十五世紀後半に、明への朝貢国が減少していくいっぽうで海禁政策の徹底がはかられ、例外的に最も緊密な朝貢貿易を継続した琉球王国が、中国産品の集散地として重要性を高めた可能性を想定することができる。高良倉吉氏は、この時期の琉球について、中国にとって「フリー・トレード・ゾーン（自由貿易地域）のような役割を帯びる存在となり、中国商品の海外向け輸出拠点であると同時に、アジア産品の輸入拠点でもあった」と指摘している（高良二〇〇一）。

琉球国王尚真の事蹟

以上のような背景と経緯を経て、十五世紀末〜十六世紀前半の琉球王国は、その歴史上において最も大きな力を持った時代を迎えたと考えられる。この時期に約五十年間にわたって国王の地位にあり、琉球王国を隆盛に導いた人物が、尚真《しょうしん》である。尚真は、一四六五年（成化元）に第二尚氏王朝初代の尚円《しょうえん》（金丸《かなまる》）の子として生まれ、一四七七年に十二歳で三代目の王位に就き、一五二七年に六十二歳で亡くなるまで、琉球王国を支配した。その治世は、厳格な秩序整備による国内支配の強化と、経済的・軍事的な統制領域の拡大によって、特徴づけられる。

首里城西方に築かれた琉球王家の墓「玉御陵《たまうどぅん》」は、尚真が父尚円の改葬墓地として造営したものであり、その前庭には「弘治十四年（一五〇一）九月大吉日」と記された「玉陵碑《たまうどぅんのひ》」が建てられている。尚真は、この碑文に王統継承の原則を明示し、叔父の第二代国王尚宣威《しょうせんい》の血を受け継ぐ尚維衡《しょういこう》の子孫を排除し、王位継承の資格をそれ以外の自身の子孫に限定した。また尚真の子息たちは、沖縄本島各地の有力按司の名跡を嗣《つ》いでいたことがわかり、中央集権化の進行をうかがわせている。のちの時代の記録では、尚真の治世末期には、按司たちが首里に集住させられたとの記述も見られる（一七四五

11—第二尚氏王統関係系図

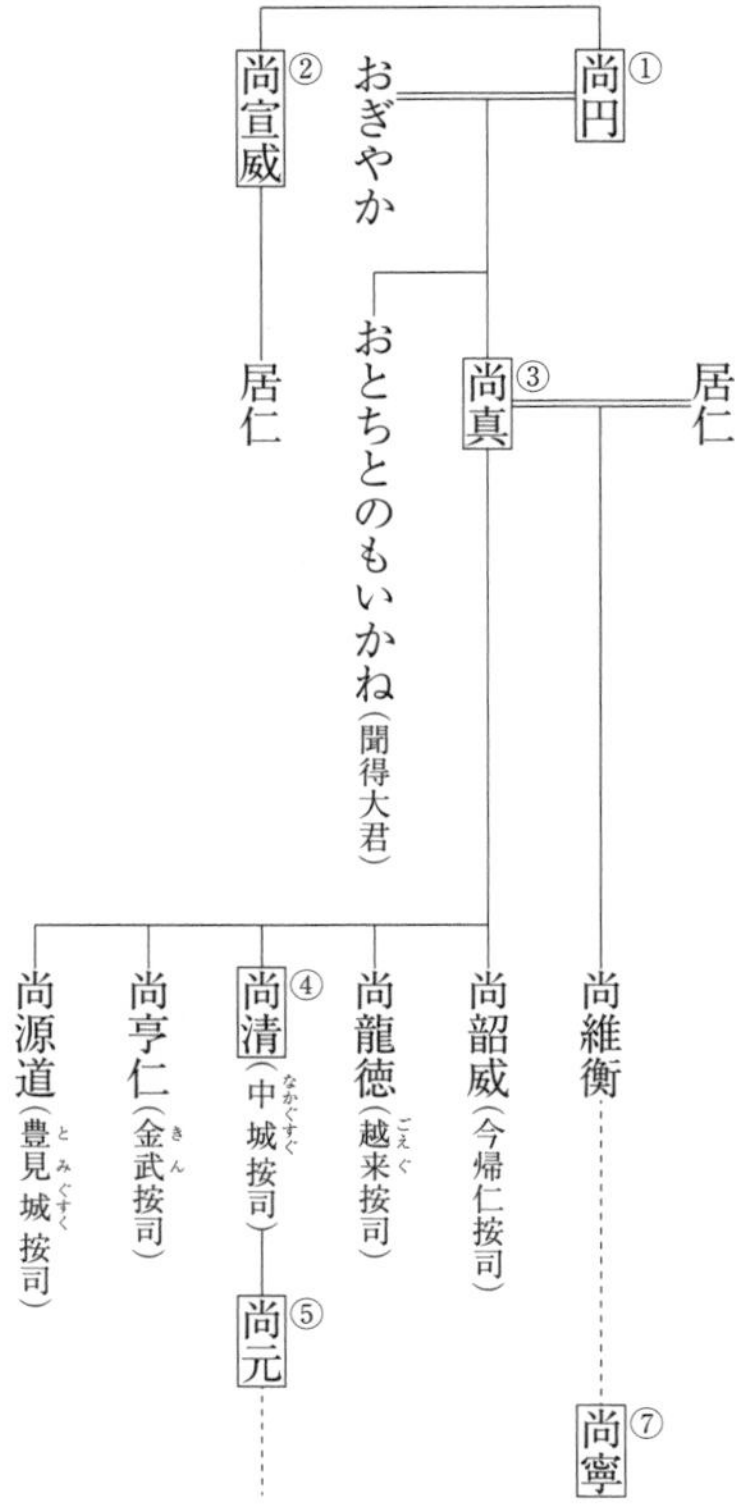

年成立の『球陽《きゅうよう》』)。

また尚真は、玉御陵のほかにも、首里城内外の政治的・軍事的・宗教的な施設整備を精力的に推し進めた。首里城北麓に第二尚氏王朝菩提寺として円覚寺《えんかくじ》を創建し、その後も、同寺の梵鐘や放生橋《ほうじょうばし》を造立したり、近くに円鑑池《えんかんち》と天女橋《てんにょばし》を造営するなどしている。

一五〇九年(正徳四)には、首里城正殿(百浦添御殿《むんだすいうどうん》)の前面に高欄を設置し、そこには「百浦添之《ももうらそえの》欄干之《らんかんの》銘《めい》」(『琉球国碑文記』)が刻まれた。その銘文は、尚真による事蹟を列挙して称揚したものであり、寺院建立など仏教への帰依、儀礼や位階制の整備、武器の管理による軍事力の統制、首里城一帯の施設整備や環境整備、朝貢貿易の振興など、諸政策の具体的内容をうかがわせる貴重な一次史料である。

その後も、一五一九年には王家の拝所として整備された園比屋武御嶽《そのひやんうたき》の石門が造られ、一五二二年（嘉靖元）には首里城から豊見城城に至る石畳の軍用道路「真珠道」が整備された（「真珠湊之碑文《まだまみなと》」「国王頌徳碑」）。第四代国王尚清《しょうせい》（在位一五二六〜五五）の時代に至るまで続けられた首里城大増築工事は、一五四六年に竣工している（「添継御門之南之碑文《そえつぎうじょうのみなみのひぶん》」）。

列島諸勢力と琉球王国

「百浦添之欄干之銘」によれば、尚真は、一五〇〇年（弘治十三）春に戦艦百艘を派遣して先島諸島《さきしま》（宮古《みやこ》・八重山《やえやま》）を征服し、降伏した者たちは翌年、穀布を歳貢として献上してきたと記されている。この戦争は後世「アカハチ・ホンガワラの乱」などとも称され、討滅された八重山側の主導者は石垣島大浜村のオヤケアカハチであったとの伝承が、『球陽』など後世の編纂物に記載されている。いずれにせよ、これ以降の先島諸島は琉球王国の支配下に組み込まれていく。

さらに、この時期の琉球王国が、南九州の諸勢力を臣従化させて、自らを中心とする外交秩序の強化をはかった事実も明らかにされている（村井二〇一三）。

たとえば、島津奥州家《おうしゅうけ》（本宗家）の島津忠治《ただはる》は、永正五年（一五〇八）三月十二日付けで、前年の琉球使節への回礼として、琉球国王尚真に宛てた二通の書状を送り、島津氏発給印判状《いんばんじょう》を所持しない積荷が琉球に到着した場合には没収してよいと伝え、奥州家による対琉球貿易の独占をはかったとみられる（『旧記雑録前編二』一八一六）。注目されるのは、その文面がきわめて低姿勢であることであり、尚真を太陽にたとえ、自らはそれを慕うヒマワリであると述べて、琉球を四海の中心とたたえており、島津氏を琉球国王の臣下のように位置づけている。第三章においてやや詳しくふれることになるが、当時の島津奥州家が琉球王国の外交を左右できる力を有していたとは考えられず、貿易上の競合勢力とのせめぎ合いのなかで、琉球王国に頼らざるをえなかったことを示すものと思われる。

後世の島津氏によって、島津氏による琉球支配の正当性を裏づける「政治的神話」として語られることになる一五一六年（永正十三）の三宅国秀《みやけくにひで》殺害事件は、備中国《びっちゅう》連島《つらじま》の三宅国秀が、足利義稙《あしかがよしたね》政権の命によって琉球侵攻を企て、薩摩国坊津《ぼうのつ》において守護島津奥州家忠隆《ただたか》に討たれたとされるものである（『旧記雑録前編二』二二二七）。しかし事件の実像は、分国内を統制できずに混乱を防げなかった島津奥州家の失態にほかならないと指摘されている（新名二〇〇六）。連島は高梁川《たかはし》河口付近にある瀬戸内海の物流拠点の一つであり、三宅国秀は堺商人の三宅氏と同族関係にあったと伝えられている。後世の島津氏は、三宅国秀殺害によって琉球侵攻を未然に防いだものと解釈し、自らの庇護が琉球王国の存亡に不可欠であったことを主張しようとしたのであるが、実際の三宅国秀は、この時期に琉球や南九州をめざした幾多の日本商人と同じような性格を併せ持っていたと思われ、琉球侵攻の意図があった可能性はきわめて低く、むしろ琉球王国の繁栄をうかがわせる事実と考えられる。

日向国《ひゅうが》飫肥《おび》に本拠を構えていた島津豊州家《ほうしゅうけ》も、琉球王国と親密な関係を有した勢力の一つである。大永八年（一五二八）閏九月九日付けの、島津豊州家忠朝《ただとも》から首里の天界寺《てんかいじ》住持に宛てた書状（『旧記雑録前編二』二一三〇)には、以前に「前皇(尚真)様の御紹書」を賜っていたと記されている。一五二〇年に、油津《あぶらつ》の臨江寺に琉球人の玄永《げんえい》がいたこと(「日下一木集《にっかいちぼくしゅう》」)からも知られるように、島津豊州家と琉球王国の結びつきは相当に日常的で深いものであったことがうかがえる。

これらと同様に、十六世紀前半の琉球王国は、種子島の種子島忠時《たねがしまただとき》や、肥後《ひご》国の相良長唯《さがらながただ》(義滋《よししげ》)、のちには日向国の伊東義祐《いとうよしすけ》とも、それぞれに結びつきを有し、またそのいずれに対しても上位に位置づけられる存在であったとみられている。琉球王国に対する臣従化の表明は、貿易関係を優位に展開するための方便という側面を併せ持っていたと思われるが、琉球王国の影響力の大きさは疑うことができない。

周防《すおう》国大内氏は、十五世紀半ばの大内教弘《のりひろ》の時代から琉球王国との接点を持ちはじめた。首里の天界寺住持はかつて大内氏領国を訪ねた際に、まだ幼いころの大内政弘《まさひろ》と出会っている。一四六六年、応仁度遣明船《けんみんせん》が悪天候により大損害を受けた際には、大内氏は琉球王国において南海産物を入手し、朝貢品を調達した。一四八八年にも大内政弘は琉球王国へ向けて船を派遣し、天界寺住持や守護島津奥州家忠昌《ただまさ》に仲介と支援を要請している(「大内氏掟書」)。防府《ほうふ》の大和相秀《やまとそうしゅう》によって製作された一四九五年の旧円覚寺殿前鐘・殿中鐘(沖縄県立博物館・美術館所蔵)をはじめ、小倉《こくら》鋳物師・防府鋳物師など大内氏分国内の鋳物師大工たちが多数の琉球鐘を製作したことも、大内氏と琉球王国との結びつきを反映したものと推測される。さらに、十六世紀以降の大内氏は、日明貿易や対琉球貿易において、種子島氏を介して琉球王国とも交流の深い島津豊州家とのつながりを特に重視していった。大内義興《よしおき》の菩提寺である凌雲寺《りょううんじ》（山口県山口市）の惣門石垣は、琉球のグスクからの影響を受けているともいわれている。

琉球王国の斜陽

しかし、尚真の時代を最盛期として、琉球王国は斜陽の時代を迎えていった。その大きな要因は、旧来の外交秩序がさらに後退し、東アジア海域全体の物流構造が大きく変化して「後期倭寇《わこう》」が猛威を振るう時代へ向かったためと考えられる（第七章）。

一五三〇年代の初頭、伊予《いよ》国海賊衆《かいぞくしゅう》の今岡通詮《いまおかみちあき》は、備中国連島に自らの知行地《ちぎょうち》があると称して、島津氏一族への遺恨を抱く三宅国秀の一族一味に同調する覚悟にも言及しながら、種子島氏に琉球渡海への協力を要請した（『旧記雑録前編二』二二二八）。これに対して島津奥州家は、一五三四年（天文三）に琉球王府へ書状を送り、今岡通詮も三宅国秀の時と同様に琉球侵攻を企てているとし、兵船の渡海を防ぐために島津氏が大きな役割を果たしうることを強調している（『旧記雑録前編二』二二二七）。この当時影響力を大きく後退させていた島津奥州家からの書状を、琉球王府がどれだけ真に受けたのかはわからない。しかし、琉球王国の周辺海域では、こうした外来勢力の動向を決して看過できないような状況が、少しずつ現れはじめていたと推測される。十六世紀半ばの琉球は「近年、不意の日本賊徒の兵船往来隙なく、海上を閉塞候の間、海路不穏」（「感応寺文書」）という状況に直面していくことになるからである。

琉球王国の繁栄は、明朝の朝貢貿易や海禁政策に綻《ほころ》びが出はじめた十五世紀後半以降に、海域の物流においてそれを補う独自な役割を担うことによってもたらされた可能性が高い。しかし十六世紀を通して、明朝がさらなる衰退へ向かい、東アジア海域に中国密貿易商人・日本商人・ムスリム商人・ポルトガル人をはじめとするさまざまな勢力が入り乱れ、はるかに広域的で頻繁な商業活動が展開されていった結果、琉球の果たしていた役割は変質・後退を余儀なくされ、徐々に縮小しはじめたのである。

2　朝鮮通交と対馬

朝鮮通交と「偽使」

朝鮮王朝による通交統制は、十五世紀前半以来、「書契《しょけい》」（九州探題や対馬《つしま》宗氏《そうし》が発行する渡航証明書）と「文引《ぶんいん》」（対馬宗氏が発行する渡航証明書）の携行を義務づけ、通商の制限をめざした。公的な通交経路は、博多や対馬から三浦《さんぽ》（富山浦《プサンポ》・乃而浦《ネイポ》・塩浦《ヨンポ》）を経由する形に集約・整備されて、「倭寇」の抑止と朝鮮王朝の財政負担軽減がはかられた。一四四三年（世宗二十五・嘉吉三）には、朝鮮と対馬の歳遣船定約《さいけんせんじょうやく》（癸亥約条《きがいやくじょう》）により、渡航者名を刻した「図書《としょ》」（銅製の角印）の押印を義務づけて、対馬発遣船を制限した。しかし、進上・回賜の互酬に付随する公貿易・私貿易による渡航者の利益は大きく、通交規制の実現は容易なことではなかった。渡航証明の偽造や詐称によって名義と実態が異なる「偽使《ぎし》」の横行を、防ぐことができなかったからである。「偽使」を仕立てた主役は、対馬宗氏であり、また対馬や博多の諸勢力であった（橋本二〇〇五）。

たとえば一五〇二年（燕山君八・文亀二）、朝鮮王府には一年を通して引っ切りなしに通交使節が訪れた。対馬・壱岐《いき》・松浦《まつら》・五島《ごとう》の諸勢力の名義は特に多いが、そのほかにも、肥前国の渋川政教《しぶかわまさのり》・少《しょう》弐《に》政尚《まさひさ》（政資《まさすけ》、一四九七年没）・千葉元胤《ちばもとたね》（一四六四年没）、豊後《ぶんご》国の大友親繁《おおともちかしげ》（一四九三年没）、肥後国の菊《きく》池《ち》重朝《しげとも》（一四九三年没）・菊池為幸・名和教信《なわのりのぶ》（十五世紀前半の人）の名義で使節が到来している。また南九州からは、島津武久《たけひさ》（忠昌《ただまさ》）・島津持久《もちひさ》（用久《もちひさ》、一四五九年没）・盛久・伊集院熙久《いじゅういんひろひさ》（十五世紀前半の人）、九州以外では周防国の大内教之（大内教幸《のりゆき》は一四七二年没）、安芸国の海賊大将村上国重《むらかみくにしげ》、石見《いわみ》国の周布《すふ》和兼《かずかね》、摂津《せっつ》国兵庫津の平方能忠らの名義で通交者が現れている。

ほとんどが故人や存在しない人名を名義とする事例であり、その多くがいわゆる「偽使」であったと推測されている。

大内氏の日朝通交

大内氏は、朝鮮王朝によって、ほかの通交者とは異なる格別な位置づけを与えられていた。一四五三年（端宗元・享徳二）に大内氏が朝鮮王朝から銅製の通信《つうしん》符右符《ふうふ》（勘合《かんごう》による通交証明、毛利博物館所蔵）を賜与されたことは、そのことを裏づけている。大内氏は朝鮮王朝に対して、しきりに大蔵経《だいぞうきょう》（一切経《いっさいきょう》）を求請し、またのちには儒教の経典（四書五経《ししょごきょう》など）を

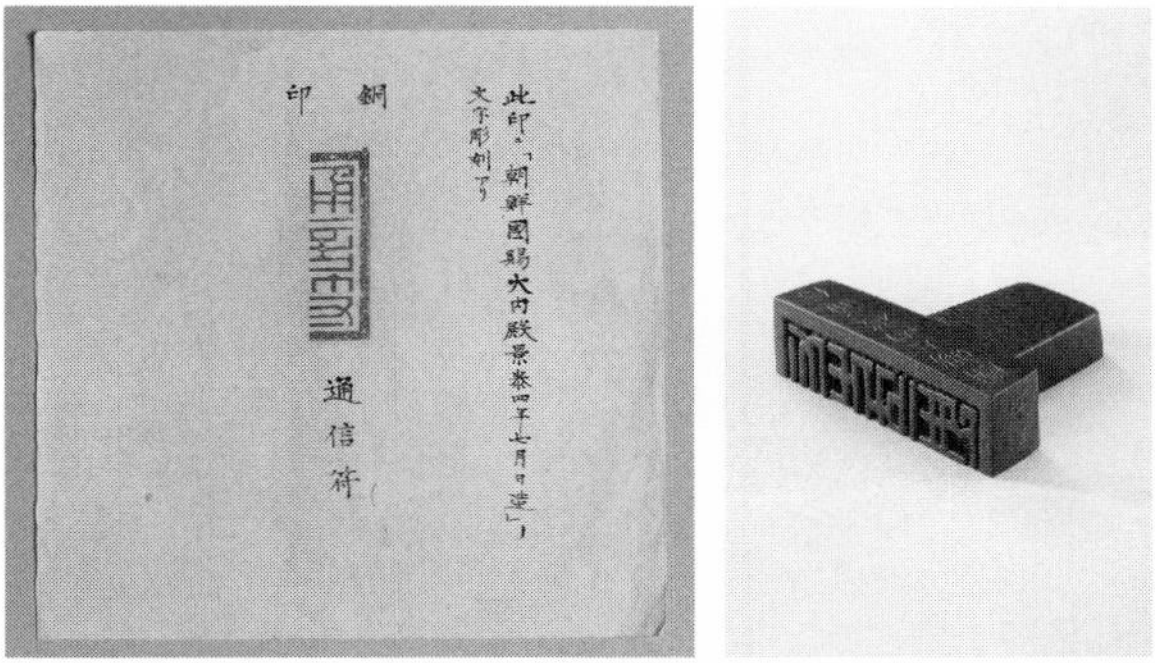

12—朝鮮国通信符（毛利博物館所蔵）

求めている（須田二〇一一）。

十六世紀前半の大内氏は、大内義隆《よしたか》が死去する一五五一年（天文二十）に至るまで数年おきに朝鮮へ使節を派遣している。たとえば一五三四年には、大内義隆が孤窓西堂《こそうせいどう》を使節として派遣し、『五経正義《ごきょうせいぎ》』を求請した。また一五三九年には、安芸《あき》国厳島大願寺《いつくしまだいがんじ》の尊海《そんかい》が、大蔵経を入手するために自ら朝鮮へ渡海し、持ち帰った「瀟湘八景図《しょうしょうはっけいず》」屏風の裏に渡海記録を記した。その記述によれば、一五三七年、大願寺住持の道本《どうほん》が申請して、大内義隆に作成してもらった渡航証明を対馬に送っていたことがわかり、大内氏遣使の立場で渡海したことが確認できる。

十六世紀の朝鮮通交は「偽使」の横行がさらに激しさを増していくところに大きな特徴があるが、以上のように孤窓・尊海らは「真使」であったことがわかる。博多を勢力下に収めていた大内氏は、この時期に至るまで「真使」を派遣することのできた例外的な存在であったともいえる。それを可能とした背景には、とりわけ一五三〇年代以降における対馬宗氏と大内氏との緊密な交流があったと推測される（第六章1）。

また十六世紀の大内氏は、第四牙符《がふ》を所持して、日本国王使派遣にも関与した。一四七四年（文明六）、将軍足利義政《よしまさ》の提案により、偽日本国王使・偽巨酋使《きょしゅうし》の防止を目的とする「牙符」（朝鮮王朝が支給した計十枚の象牙製の通交証明）の制度がはじまった。しかし、明応《めいおう》の政変《せいへん》（一四九三年）によって将軍家が分裂したことを契機として、牙符が散在し、将軍家の関知しない日本国王使が派遣されるようになっていく。

たとえば大内義興は、一五〇一年（文亀元）に博多の幻住派《げんじゅうは》僧であった弸中道徳《ほうちゅうどうとく》を日本国王使として派遣し、大蔵経を得ている。当時、大内氏にかくまわれていた足利義稙がこのことをどの程度関知していたのかも定かではないが、現職の将軍足利義澄《よしずみ》（義遐《よしとお》・義高《よしたか》、在職一四九五～一五〇八）に対抗する立場での発遣であることはいうまでもない。一五二五年（大永五）に将軍足利義晴《よしはる》（在職一五二一～四六）の名義で景林宗鎮《けいりんそうちん》を正使として発遣された日本国王使は、二年前の寧波《ニンポー》の乱《らん》の影響により窮地に立たされていた大内氏が、義晴を擁して政権を握っていた細川氏を非難し、連行していた寧波武官の袁璡《えんしん》を送還する旨を伝えて、明朝への弁明の取り次ぎを朝鮮王朝に依頼するための使節であったので、偽日本国王使であることがわかりやすい事例といえる。一五四三年（天文十二）には、周防国山口香《こう》積寺《しゃくじ》の心月受竺《しんげつじゅじく》を正使とする日本国王使が派遣されたが、その目的も、一五四八年の天文十六年度遣明船派遣の準備のために、弘治勘合が賊徒に盗まれて紛失したことを、朝鮮から明へ伝えてくれるよう依頼するためであった。これも大内氏による偽日本国王使であった（橋本二〇〇五）。

三浦の乱と壬申約条

一五一〇年（中宗四・永正七）、三浦の倭人居留民「三浦《さんぽ》恒居倭《こうきよわ》」たちは、対馬島主宗義盛《そうよしもり》が派遣した宗盛親《もりちか》の支援を得て蜂起し、薺浦《チエポ》（乃而浦《ネイポ》）僉使の金世鈞を捕らえ、釜山浦僉使の李友曽を殺害するとともに、熊川《ウンチヨン》城を攻め落とした（三浦《さんぽ》の乱《らん》）。宗義盛は、朝鮮王朝による通交規制の非を難じて武力蜂起の理由を通告し修好を求めたが、朝鮮側はこれに応じず、慶尚左道《キヨンサンウエンド》防禦使黄衡らを派遣して、薺浦を攻撃した。その結果、倭人は二百九十五名もの戦死者を出して撤退し、三浦の乱が鎮圧された。恒居倭たちは薺浦に近い安骨浦《アンゴルポ》を攻撃したが、これも撃退された。

三浦の乱の背景には、朝鮮王朝側の方針転換があった。後世に名だたる暗君として語られた朝鮮王朝第十代国王燕山君（在位一四九四〜一五〇六）の時代は、通交関係においても混迷の度を深めていた。一五〇六年に燕山君を廃して、中宗《チユンジヨン》（在位一五〇六〜四四）が即位すると、日本との通交関係を抜本的に見なおし、使節の接待を簡略化したり、現地商人との癒着が著しいとして三浦恒居倭の統制を強化するなど、日本側に対して厳しい姿勢で臨みはじめた。そのため、宗氏や恒居倭たちは不満を募らせていた。三浦の乱で殺害された李友曽は、通交統制違反の取り締まりの一環として三浦倭人三名を処刑したが、それが誤認によるものであったため、宗氏と恒居倭たちの反発が頂点に達し、大規模な争乱に発展したのである。宗義盛としても、家臣たちの強硬な意見を抑えることができず、武力蜂起を容認せざるをえなかった。

三浦の乱は、宗氏に大きな打撃を与え、講和交渉は難航した。宗義盛は、足利義稙・大内義興の政権との結びつきを頼りに、日本国王使の派遣を実現させ、一五一二年に、朝鮮王朝との間で「壬申約《じんしんや》条《く》《じょう》」が結ばれた。しかしその内容は、宗氏名義や対馬島外諸氏名義の通交権を大幅に削減し、対馬島内の諸氏名義の通交権を廃止するとともに、三浦恒居倭も廃止するという厳しいものであった。

対馬のような、周囲を海に囲まれて浦々が自立的に外に開かれた島国の場合、一国全体の統制は容易なことではなかったと思われる。対馬宗氏は、その手段として朝鮮との通交権独占に大きく依拠していた。それゆえに、「壬申約条」による通交の大幅な制限は対馬宗氏の存立基盤を大きく損ない、対馬国内の分裂・抗争につながった。一五二〇年に宗義盛が死去すると、以後は政変による不安定な家督継承が続き、対馬国内は錯乱状態に陥っていった。宗氏は、大内氏や大友氏とともに仕立てた偽日本国王使を派遣して、「壬申約条」撤回の交渉を繰り返していくが、十分な成果をあげることができず、島内の分裂・抗争を食い止めることはできなかった（荒木二〇一七）。

3　終末期の日明貿易

永正度遣明船

一五〇五年（永正二）、将軍足利義澄は東福寺《とうふくじ》の了庵桂悟《りょうあんけいご》を正使とする遣明船派遣を決定した（永正度遣明船）。一五〇八年に足利義稙が大内義興とともに上洛して将軍に復帰すると、一号船・三号船は大内氏、二号船は細川氏が、それぞれ弘治勘合（第一〜三号）を携えて派遣されることとなった。日明貿易において明朝から与えられた「勘合」（勘合印を割印として捺《お》した通行証明）は、皇帝の代替わりごとに百枚ずつ渡されたものであり、この場合には弘治帝から与えられたものである。高齢の了庵桂悟は、風に恵まれず一度は渡海に失敗するなど、苦難の末にようやく一五一一年に寧波へ到着した。通常の遣明使節は、必ず寧波市舶司《しはくし》の管轄下で上京許可を待ち、大運河を漕行する長旅を経て北京に赴くことになっていたが、盗賊の難を理由とする明朝からの指示により、一五一二年に南京《ナンキン》で詔書と回賜を与えられて、一五一三年に帰国した。

一五一六年、大内義興は足利義稙から渡唐船の管掌権を安堵されたこと（「室町殿御内書案」）を論拠として、永正度遣明船が持ち帰った正徳勘合を掌握したとみられる。そのため細川氏は、弘治以前の旧勘合を用いざるをえない状態となった。

一五一九年、細川高国《ほそかわたかくに》が実権を握っていた幕府が次期の遣明船派遣を発議し、相国寺の鸞岡瑞佐《らんこうずいさ》（省佐《しょうさ》）を正使に選任した。その前年に山口へ帰国していた大内義興は、この事態に対抗するため、日向国飫肥の島津豊州家忠朝に対して、細川氏の遣明船を島津氏分国内で抑留するよう依頼するとともに、大内氏が仕立てた渡唐船について通行の自由を求めた（『旧記雑録前編二』一九一三〜一九一六）。ただし、すでに永正度遣明船二号船（細川船）の警固を務めた経緯がある島津忠朝は、細川船の抑留については守護島津奥州家忠兼《ただかね》（勝久《かつひさ》）の管轄であると返答するにとどめて、大内氏・細川氏の双方に肩入れをするしたたかな対応を見せている。

右のような大内氏による対策をふまえるならば、細川方の遣明船が瀬戸内海を通過することは困難であり、それゆえに土佐沿岸を経由する経路を選択したと思われる。一五二〇年、鸞岡瑞佐とその師である玉淵瑞杲は、それぞれ土佐国を経由して日向国に姿を現した。二人は、都於郡《とのこおり》や、飫肥の安国寺、油津、櫛間院《くしまいん》、志布志《しぶし》などを訪れて、禅僧や領主たちと交流を重ねた（『日下一木集』）。明・朝鮮・琉球とのつながりを有していた南九州の海辺地域の人々との交渉を通して、細川船の運用・航行の保障を得て大内船に対する優位性を確保するための地ならしをはかったものと思われる。この時期の島津忠朝は、細川高国とも連絡を取り合っている（『旧記雑録前編二』一九三三）。

いっぽう、時を同じくして島津忠朝は、大内義興からの依頼を受けて、堺商人の池永修理《いけながしゆり》（日向屋）の船を渡唐船に仕上げる艤装《ぎそう》工事を油津において行い、一五二一年に完成させている。また同じ年、大内義興から新造船の建造を依頼されている。「飫肥杉」に象徴される地元の木材資源がその背景にあることは、想像にかたくない。

大内氏・細川氏の双方が、南九州を重要視し、島津豊州家に依拠する働きかけを行っているのは、主要な輸出品であった硫黄《いおう》の供給源の確保とも関わって、南九州を介して畿内と東アジア海域をつな

13—油津の堀川（17 世紀開削）

ぐ「南海路《なんかいろ》」の重要性が高まっていたことが、大きな背景をなしている。大内氏は一四五一年（宝徳三）、大友氏とともに遣明船派遣にはじめて参入し（宝徳度遣明船）、一四五三年（享徳二）に日本刀・銅・硫黄を明朝に進貢したが、大内氏が持参した三十九万七千五百斤（約二百四十トン）にものぼる膨大な硫黄の多くは、薩摩半島南方の硫黄島から産出されたとみられる。大内氏や細川氏が南九州に関わらなければならなかった契機は、早くから存在したと推測される。そして、この時期に琉球王国が最盛期を迎えていたことは、「南海路」が重要性を高めた最大の要因であったと考えられる。

一五五五年（嘉靖三十四・弘治元）から翌年にかけて、明の浙《せっ》江《こう》総督の命により日本の情勢把握のため派遣された鄭舜功《ていしゅんこう》は、後年著した『日本一鑑《にほんいっかん》』のなかで、九州南部に着岸した明使の上洛経路として、「夷海右道」（薩摩国山川《やまがわ》—日向沖—土佐沿岸—堺津）、「夷海上道」（薩摩国坊津—九州西岸—瀬戸内海—兵庫津）、「夷島陸道」（薩摩国坊津—九州西部—山陽道）をあげている。薩摩半島を畿内への重要な玄関口として描くこうした記述そのものが、十六世紀前半における「南海路」の重要性を明瞭に裏づけている。

一五一九年以来四年間にわたり、大内義興と細川高国が激しく鎬《しのぎ》を削りながらそれぞれで準備を進めた遣明船派遣事業（大永度遣明船）は、寧波の乱と呼ばれる武力衝突に帰結した。

寧波の乱

一五二三年（嘉靖二・大永三）四月、謙道宗設《けんどうそうせつ》を正使とする三艘の遣明船（大内船）が正徳勘合一～三号を携えて寧波に到着すると、数日後、鸞岡瑞佐を正使とする遣明船（細川船）も弘治勘合五号を携えて寧波に着岸した。この時、細川船副使の宋素卿《そうそけい》は寧波市舶太監頼恩に賄賂を贈り、大内船より細川船を優遇させた。これに憤慨した謙道宗設以下の大内方は、五月一日に蜂起して城門に立て籠もり、鸞岡瑞佐をはじめとする細川方使節人員を殺害し、使節の宿泊所であった嘉賓堂《かひんどう》や細川船を焼き払った。しかも寧波武官の袁璡《えんしん》を拉致して軍船を乗っ取り、難を逃れた宋素卿を追跡して余姚江《よようこう》を西へ向かい、周辺住民までをも殺傷しながら紹興府《しょうこうふ》に押し寄せた。さらに大内方は、引き返して寧波官憲を襲撃して船を奪い、袁璡も連れて東方海上へ立ち去っていった。生き残った宋素卿は、尋問のため明朝に捕らえられ、のちに獄死した。

寧波の乱は、大内氏に大きな打撃を与えた。明朝は大内氏を警戒し、琉球王国を介して将軍足利義晴・細川高国政権に接近する姿勢を示した。大内義興は、一五二五年に朝鮮王朝へ偽日本国王使を派遣し、明朝への取り成しを求めたが、断られている。大内氏にとって幸運であったのは、一五二七年に足利義晴・細川高国が丹波《たんば》衆・阿波《あわ》衆の離反によって近江《おうみ》国へ敗走し、足利義維《よしつな》・細川晴元《はるもと》を擁した三好元長《みよしもとなが》の勢力が和泉《いずみ》国堺を本拠として畿内の支配をめざしはじめたことである。大内義興はこの混乱を利用し、前年に死去した琉球国王尚真の跡を継いだ尚清の即位の礼として、大内政弘の時代から交流のある首里の天界寺に書状を贈り、琉球を経由して遣明船派遣の独占化をはかった（『大内氏実録土代』）。一五三〇年（享禄三）には、大内義隆が将軍足利義晴から遣明船派遣の承認を取り付けた（「室町家御内書案」）。しかし、明朝の大内氏に対する不信感を拭い去ることは、容易なことではなかった。

14―寧波・三江口

天文八年度・天文十六年度の遣明船

外交文書の作成や、中国語による交渉には、禅僧の有した高度な専門知識が不可欠であった。十六世紀の外交活動においては、筑前国博多の幻住派僧たち（弸中道徳・一華碩《いっかせき》由《ゆ》・湖心碩鼎《こしんせきてい》など）が、大内氏や博多商人たちとも結びつきながら大きな役割を果たした。幻住派は、臨済宗高僧であった中国杭州《こうしゅう》天目山《てんもくざん》幻住庵の中峰明本《ちゅうほうみょうほん》に師事した鎌倉末期の日本の入元僧たちや、その法統を称した呼称である。一五〇三年（文亀三）、大内義興は足利義稙に公帖を発給させて一華碩

15—北京・紫禁城午門

由を博多聖福寺《しょうふくじ》の住持に任命し、やがて足利義稙の将軍職復帰によって、幻住派のさらなる躍進がもたらされた（伊藤二〇〇二）。

弸中道徳と一華碩由に師事した湖心碩鼎は、聖福寺住持職を引き継ぎ、大内氏が発遣した天文八年度遣明船の正使に任命された。副使は、天龍寺妙智院の策彦周良《さくげんしゅうりょう》が務め、その旅程の詳細を『初渡集《しょとしゅう》』に著した。この遣使派遣は一五三七年から準備が進められていたもので、一五三九年の初夏に総勢四百六十名を分乗させた計四艘の遣明船が五島奈留《なる》浦を出航した（天文八年度遣明船）。ただし、寧波よりも南方の温州《うんしゅう》沿岸に流されたため、予定よりも遅れて寧波に到着した。明朝が日本からの使節に対する警戒を解くことはなく、入貢手続きは長期間におよんだ。寧波で四か月を過ごしたのち、ようやく上京の許可を得た一行は、過酷な運河の旅を経て翌年（一五四〇）三月に北京に到着し、紫禁城《しきんじょう》に朝参《ちょうざん》して粛拝《しゅくはい》儀礼を行った。しかし、その場所は午門《ごもん》（紫禁城入口の正門）の前庭であり、ついに嘉靖帝《かせいてい》の出御もないまま一連の朝貢儀礼を終えている。五崇楼《すうろう》が建つ高大な城壁に囲まれた午門前庭に並立した湖心碩鼎や策彦周良たちは、まさに身のすくむような思いであったと推察される。このような冷遇は、明朝の日本使節に対する姿勢がいかに厳しいものであったかを示している。使節一行は、その原因となった寧波の乱の事後処理に奔走したのち、五月に詔書を下賜されて北京を出発し、一五四一年（天文十）六月に帰国した。

一五四七年、総勢六百三十名あまりを乗せた四艘の遣明船が五島奈留浦を出港した（天文十六年度遣明船）。正使は策彦周良であり、旅の様子を『再渡集《さいとしゅう》』に記録している。一行は、途中海賊に襲われて多くの死傷者を出しながら、二十日あまりで舟山群島の定海に到着した。しかし、明側は「十年一貢」の規定に違反しているとして寧波への入城をなかなか認めず、八か月後の翌年三月に寧波の嘉賓堂に入った（一五四八年）。それから半年後に上京許可が届いて寧波を出発し、運河の旅に苦しめられながらさらに半年間をかけて、翌年四月にようやく北京にたどり着いた（一五四九年）。北京には四か月近く滞在したが、朝貢儀礼を果たして回賜を受けたのち、北京を去っている。約三年間にわたって中国大陸に滞在するという、大変な長旅であった。

これが、実質的には最後の日明貿易となった。応対の様子を見るかぎり、明朝の日本使節に対する不信感は、最後まで拭い去ることができなかったものと思われる。

広域的物流・交流の担い手たち

ここまで概観してきたように、十五世紀前半には強固な貿易管理体制を基調とした東アジアの国際秩序も、十六世紀に入るころには大きく後退し、各中央政府からみれば統制困難な「混乱」の時代を迎えたことがわかる。そして何よりも注目されることは、公的な通交関係の綻《ほころ》びのいたるところに、広域的な商業活動を展開する実際の物流の担い手たちが顔をのぞかせていることである。

琉球国王使をはじめさまざまな「偽使」を仕立てて朝鮮へ赴いた博多商人たち、薩摩国坊津に現れた備中国の三宅国秀など南九州・琉球へ向かった商人たち、大内氏の遣明船事業に尽力した堺商人池永修理など、本章の限られた記述のなかからもそのことがうかがえるものと思う。天文八年度遣明船の船頭を務めた博多の神屋《かみや》運安《かずやす》・河上杢左衛門、堺の池永宗巴・池永新兵衛、薩摩の家信、天文十六年度遣明船の船頭を務めた博多の小田藤左衛門尉、薩摩の田中豊前守などは、そうした存在の重要性をよく表していると考えられる。大内氏の遣明船には、これ以外にも博多・堺をはじめとする多数の商人たちが乗船しており、大内氏は十五世紀以前から彼らとの密接なつながりを形成していた。このような列島各地の海商たちは、日明貿易や朝鮮通交を支えるとともに、それらを利用し、あるいはそれらの解体を促していく主役でもあったと推測される。

日本海側の事例によって、少し具体的に見ておきたい。島根県益田市の中須東原《なかずひがしはら》・西原《にしはら》遺跡は、石見国西部の高津川・益田川河口近くの砂丘に残された中世港湾遺跡である。ここからは十二世紀以降の膨大な貿易陶磁器が出土しており、その最盛期は十五世紀～十六世紀前半とみられている（木原・佐伯二〇一六）。現状では、山陰海岸においてこれだけ古い時期から膨大な貿易陶磁器が出土する場所はほかに確認されておらず、この海域において益田周辺は突出した位置を占めている。古くからの博多とのつながりが、想定される。

この両遺跡からは、約八百五十点にもおよぶ朝鮮陶磁器片が出土している。特に十五世紀後半〜十六世紀前半の出土品が多く、韓国慶尚南道周辺で生産された灰青釉《かいせいゆう》陶器と白磁の皿が大半を占め、それらは朝鮮王朝で使用されるものとは異なる法量であることが指摘されている（片山二〇一三）。こうした中須東原・西原遺跡における特異な陶磁器の様相は、この時期の朝鮮半島南部と石見地域が、一定の日常的・直接的交流によって結びついていたことをうかがわせている。

16—中須東原遺跡出土の中世港湾遺構

たとえば、一四二〇年（応永二十七）の出雲《いずも》国安来《やすぎ》に七十余戸もの朝鮮人町が存在したこと（『朝鮮世宗実録』）や、一四五五年（端宗三・康正元）に石見国出身の「三甫羅酒毛《さぶろうすけ》」が、対馬にて還俗《げんぞく》し、朝鮮人と詐称して朝鮮で回賜品を盗んだこと（『端宗実録』）、一四八一年（成宗十二）に全羅道を襲撃した「倭賊」二十二人は、対馬に居住して石見国との商売を生業としていた者たちであったこと（『成宗実録』）など（関二〇〇二）は、そうした直接的な交流を担った人々の断片である可能性が高い。彼らは、通常であればほとんど史料の表側には現れることのない者たちであり、こうした事例はまさに氷山の一角であったとみられる。

次章以降においては、大内氏を中心としながら十六世紀前半の西日本における政治過程をたどっていくことにしたいが、それらの背景には、海を渡って独自な商業活動や略奪行為を展開させていた、このような海域諸勢力が、広汎に存在したのではないかと推測される。

二　大内義興の上洛と西日本の諸勢力

1　大内氏の分国経営

大内氏の出自と来歴

大内《おおうち》氏は、多々良《たたら》を本姓とし、周防《すおう》国在庁官人《ざいちょうかんじん》の出身である。その先祖について、十五世紀以降の大内氏は、百済《くだら》王子琳聖《りんしょう》太子が周防国多々良浜（山口県防府市）に着岸し、聖徳太子から周防国大内県を与えられて本拠としたことにはじまる、という由緒を掲げている。ただし、実際の出自は不詳といわざるをえない。

国衙《こくが》在庁官人としての多々良氏が史料に現れるのは、仁平二年（一一五二）であるが、鎌倉期の多々良氏一族においては、嫡流とされる「大内介」の系統と、のちに鷲頭《わしず》氏と称した系統が、ともに有力であったとされる。そして、その鷲頭氏を嗣《つ》いだ大内長弘《ながひろ》が建武政権によって周防国守護に任じられた。そのこととも関連して、もともとの多々良氏惣領《そうりょう》は、鷲頭氏であった可能性も指摘されている（和田二〇一三）。

貞和五年（一三四九）に足利尊氏《あしかがたかうじ》の追討を受けた足利直冬《ただふゆ》（尊氏庶子、足利直義《ただよし》猶子）は、やがて中国地方を基盤に反幕府方として活動したが、この時期の大内氏や山名《やまな》氏は直冬方の中心勢力として活躍している。なかでも、「大内介」系統嫡流の大内弘世《ひろよ》は、正平九年（一三五四）ごろに周防国を統一し、さらに長門《ながと》国も制圧した。貞治二年（正平十八、一三六三）、弘世は幕府方へ帰順して、北朝方の周防・

長門両国守護に任じられ、これによって幕府公認の大内氏惣領の地位を確立した。

注目されるのは、貞治五年、弘世が足利義詮《よしあきら》に拝謁するため上洛した際に、「数万貫の銭貨」や、美を尽くした「新渡の唐物」などを大量に持ち込み、京都の幕府吏僚や芸能者・遁世者たちなどにくばり与え、名声を得たと伝えられていることである。これが記された『太平記《たいへいき》』の筆致は弘世に対して批判的であり、どの程度事実を反映しているのか定かではないところもあるが、大内氏が大陸由来の文物・財宝を入手し、すでに豊かな財力を有していたことを、強く印象づける話である。

こののち、弘世の後継者争い（康暦《こうりゃく》の内戦）を制した大内義弘《よしひろ》は、周防・長門・石見《いわみ》・豊前《ぶぜん》・和泉《いずみ》・紀伊《きい》各国の守護職《しゅごしき》を兼務し、西国を代表する有力守護家の一つとなった。南北朝動乱を生き抜いて勢力を拡大した大内氏の基盤には、すでに大陸との結びつきに基づく豊かな財力があったのではないかと思われる。

大内氏と室町幕府

室町期の大内氏は分国を管轄する守護であったので、室町幕府体制を支える役割を担う存在であった。そのいっぽうで、南北朝期に反幕府方として勢力を拡大し登場してきたことからも明らかなように、大内氏の自立性は高く、幕府との対立もしばしば見られた。

たとえば大内義弘は、足利義満《よしみつ》に対する不信感を募らせ、応永六年（一三九九）、和泉国堺《さかい》において挙兵して戦死した。いわゆる、応永《おうえい》の乱《らん》である。その背景には、対朝鮮貿易をめぐる両者の対立があ

17　大内氏略系図

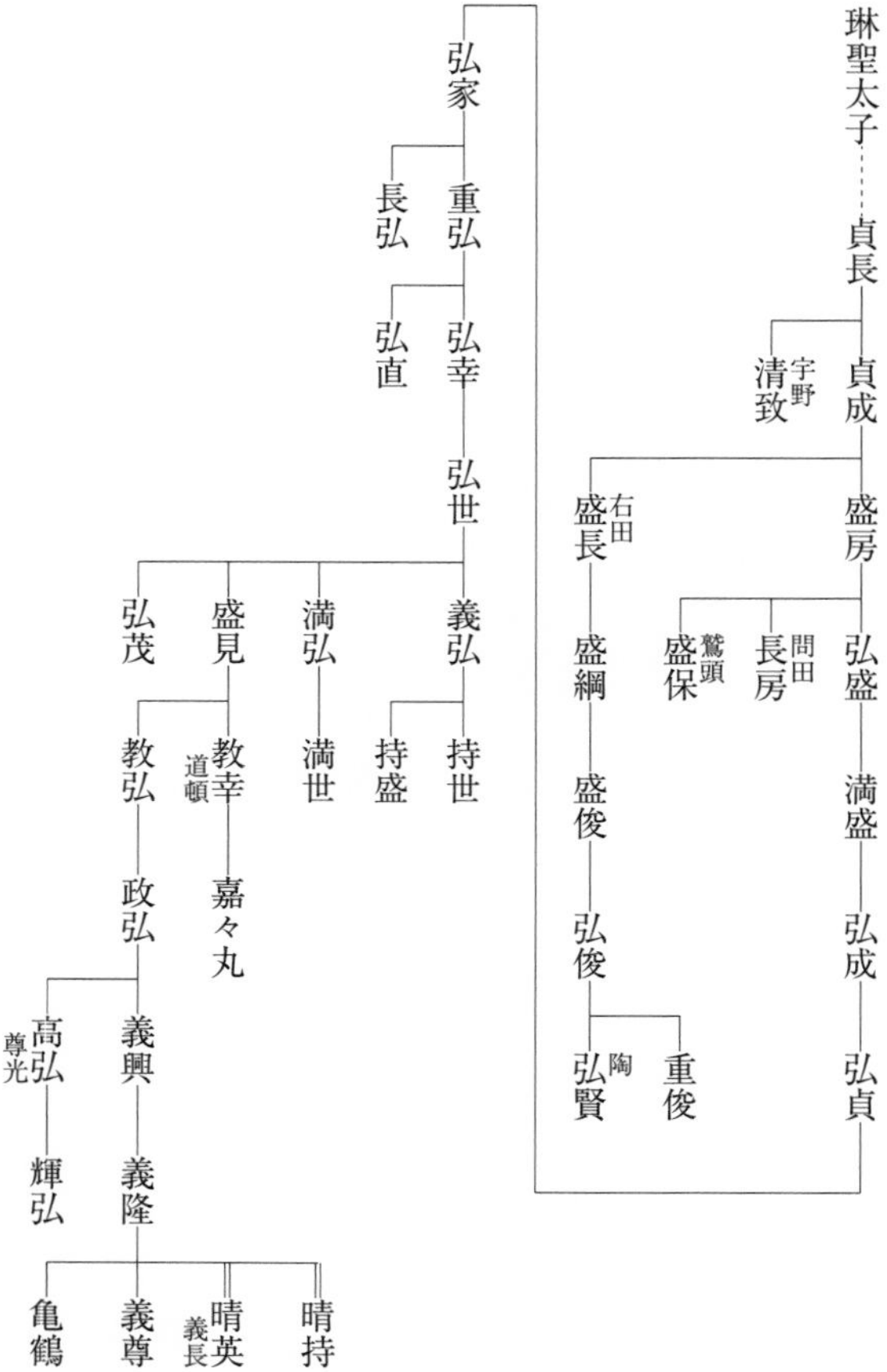
琳聖太子
貞長
貞成
宇野清致
盛房
右田盛長
弘盛
問田長房
鷲頭盛保
満盛
弘成
弘貞
盛綱
盛俊
弘俊
重俊
陶弘賢
弘家
重弘
長弘
弘幸
弘直
弘世
義弘
満弘
盛見
弘茂
持世
持盛
満世
教幸
道頓
教弘
嘉々丸
政弘
義興
高弘
尊光
義隆
輝弘
晴持
晴英
義長
義尊
亀鶴

ったことも指摘されている（伊藤二〇〇八）。

応永の乱ののち、義満は、堺で降伏した大内弘茂《ひろしげ》（義弘の弟）に大内氏を嗣がせようとしたが、大内盛見《もりはる》（義弘の弟）がこれに抵抗したため、弘茂に盛見を討たせようとした。しかし、応永八年末に長門国長府において弘茂が戦死し、翌年正月に盛見は山口に凱旋した。やむなく幕府も、応永十一年に盛見の大内氏家督を認めるに至っている。

その後の盛見は、十五年間にわたって在京し幕府に従った。永享三年（一四三一）に盛見が筑前《ちくぜん》で自害すると、幕府の支援を受けた大内持世《もちよ》は、大内持盛《もちもり》との後継者争いを切り抜けて家督を継承した。また、持世の跡を嗣いだ大内教弘《のりひろ》（家督一四四一～六五）も、幕府の命に従って各地を転戦しており、いずれも幕府との結びつきによって分国支配を安定させようとしていたことがわかる。

ところが、享徳三年（一四五四）ごろから大内教弘と幕府の関係は悪化し、康正三年（一四五七）からは、幕府の支援を受けた安芸《あき》国武田《たけだ》氏との戦争がはじまる。教弘は、寛正六年（一四六五）にも、反幕府方となった伊予《いよ》国河野通春《こうのみちはる》を支援する動きを示している。大内教弘自身は同国興居島《ごごじま》の陣中においてまもなく病没したが、教弘の跡を嗣いだ大内政弘《まさひろ》（家督一四六五～九四）も、河野氏を支援して伊予国内で細川方と戦った。政弘が幕府によって赦免されたのは、文正元年（一四六六）のことである。

このように、室町期における幕府と大内氏の関係性は、協調と対立の両側面を見せている。その際に大内氏は、幕府はもとより幕府方・反幕府方諸勢力との関係を維持・強化していく手段として、対外貿易によって獲得した大蔵経《だいぞうきょう》その他「唐物《からもの》」の贈答を、効果的に活用している。自らの出自について朝鮮王族の子孫であると強調しはじめたことも、そのような意図の反映であると考えられている（須田二〇一一）。室町幕府との関係性に見られる室町期大内氏の独自性は、その基盤が大陸・朝鮮半島と京都をつなぐ大動脈を抑えることのできる場所にあって、地政学的に優位な位置を占めていたことに、大きな要因があったと考えられる。

守護分国と守護代

大内氏が、十六世紀に至るまで長期にわたり管轄した守護分国は、周防・長門両国を中心に、中国地方西部から北部九州にかけて広がっていた。

周防国守護職の大内氏による管掌は、建武三年（一三三六）に大内長弘が任じられたことにはじまり、観応三年（一三五二）以降は一貫して世襲された。長門国守護職も、延文三年（一三五八）に大内弘世が任じられて以降、一貫して世襲された。

石見国守護職については、貞治五年（一三六六）に大内弘世が任じられて以降、応永の乱（一三九九）までの間は、一時期を除き大内氏が守護職を保持した。十五世紀には山名氏分国となり、大内氏は同国邇摩《にま》郡のみを管轄したが、永正十四年（一五一七）に大内義興《よしおき》が任じられて以降は、再び石見国全体の守護職を有した。

安芸国賀茂《かも》郡東西条《とうさいじょう》（広島県東広島市周辺）は、応永元年（一三九四）以前、大内義弘の時代に足利義

満から与えられたと伝えられており、以後、安芸武田氏が支配した一時期を除き、大内氏が領有した。豊前国守護職は、康暦二年（一三八〇）に大内義弘が任じられて以降、豊後国大友《おおとも》氏が守護職を得た一時期を除き、大内氏がその地位にあった。筑前国守護職は、永享元年（一四二九）末から翌年ごろ、大内盛見が幕府御料所となった筑前国の代官としてかかわりはじめ、跡を嗣いだ大内持世の時代（一四三一〜四一）もしくは大内教弘が当主であった文安年間（一四四四〜四九）ごろに守護職に任じられたと考えられており、以後大内氏が世襲した。

このほか、永正五年からの一時期に、大内義興が山城《やましろ》国守護職も兼帯している。

大内氏は、これらの守護分国において、守護代—小守護代—郡代《ぐんだい》—小郡代といった支配組織を整え、なかでも各国守護代の果たした役割は大きかった。国ごとに事情は異なるが、守護代は、守護の軍事指揮権を代行し、また年貢・段銭《たんせん》・諸天役《しょてんやく》など諸課役を徴集し、守護の命令の下達、愁訴《しゅうそ》の吹挙《すいきょ》など、大内氏による分国支配を実質的に支える役割を果たした。十六世紀前半の主要な守護代は、周防国の陶興房《すえおきふさ》・陶隆房《たかふさ》（晴賢《はるかた》）、長門国の内藤興盛《ないとうおきもり》、石見国の問田《といだ》隆盛《たかもり》、安芸国東西条代官の杉興宣《すぎおきのぶ》・杉隆《たか》宣《のぶ》・弘中隆兼《ひろなかたかかね》、豊前国の杉重矩《しげのり》（重信《しげのぶ》）・杉重輔《しげすけ》、筑前国の杉興長《おきなが》・杉興運《おきかず》などであり、いずれも大内氏一族・重臣が任命され、多くは世襲化されていた。彼らは重要な軍事拠点を本拠地とし、直状《じきじょう》（判《はん》物《もつ》）や奉書《ほうしょ》を独自に発給して管国内の軍事・行政をつかさどり、それぞれが自立的性格を強めていった点も重要である。

中世日本列島の物流の大動脈に位置した本州西端から北部九州にかけて、これだけの数の国々の守護職に任じられ、十六世紀前半に至るまで管轄領域の拡大が見られた点は、大内氏の著しい特徴であるといえる。

評定衆と奉行衆

大内氏の本拠山口には、分国全体を管理・統制するための政治組織が整えられていた。なかでも中心的な役割を果たしていたのが、評定衆《ひょうじょうしゅう》と奉行衆《ぶぎょうしゅう》である。

評定衆は、大内氏重臣たちが毎月六回の式日に出仕し、大内氏当主からの諮問を受けて、分国全体の諸問題について合議した機関であり、家臣への知行配分、軍事作戦の決定、法令の制定、訴訟の審理などをつかさどった。大内義隆の時代には、陶隆房・内藤興盛・杉重矩・陶隆満《たかみつ》・杉宗長《そうちょう》・弘中興《おき》勝《かつ》・飯田《いいだ》興秀《おきひで》・相良《さがら》武任《たけとう》が確認されており、守護代クラスの重臣や有力奉行人たちがその地位にあったことが知られる。

奉行衆は、日々の政務にたずさわり、毎朝五ツ（八時）までに出仕して奉行が評議のうえ処理した。また、上意を伺う必要のある案件は、評定衆へ提議する手続きを執行した。また毎月三度（六日、十七日、二十八日）、輪番で奉行人の居宅で会議を開いた。大内義隆の時代にも、青景《あおかげ》氏・飯田氏・小原氏・岡部氏・黒川氏・相良氏・陶氏・杉氏・内藤氏・仁保《にほ》氏・貫《ぬき》氏・沼間《ぬま》氏・野田氏・弘中氏・龍崎《りゅうざき》氏・冷泉氏など、多数の奉行衆が大内氏の政務を担っていた。

大内氏の政治組織は室町幕府の職制にならったものとみられているが、大内氏が支配機構の独自な整備と維持にとりわけ強い関心を払ったことも事実である。機構の整備のみでは容易に支配の貫徹が実現できないところに中世という時代（とりわけ十六世紀）の特徴があると思われるが、大内氏が長期にわたり広域的な強い影響力を保持し続けた条件の一つであったことは疑いない。

また、人材育成にも腐心したことが知られる。たとえば大内義興が若年のころより、近習《きんじゅ》などとして登用された同世代の大内氏家臣子弟たちは、やがて当主側近衆や奉行衆へと成長し、大内義隆の時代に至るまで領国経営を中心的に担う存在となっていく（和田二〇〇七、中司二〇一三）。機構の整備を重視した大内氏は、しかしながら、それを支えるのは人間であるということを十分に認識していたことがわかる。

大内氏掟書

「大内氏掟書《おおうちしおきてがき》」（『中世法制史料集　第三巻』岩波書店、一九六五年）は、永享十一年（一四三九）〜享禄二年（一五二九）に大内氏が発令した百八十一か条にのぼる諸法令を集成したものであり、いわゆる分国法《ぶんこくほう》の一典型として重視されてきたものである。大内氏滅亡以前のある時期に、大内氏家臣によって編集されたものと推測されている。その内容は、政治組織、評定衆・奉行衆の服務規定など家臣団の統制、寺社や百姓の統制、諸役賦課・免除規定、流通統制、治安立法など、多岐におよぶものである。

たとえば、「大内氏掟書」に収められた文明十七年（一四八五）四月十五日大内氏《おおうちし》家臣《か》連署禁制《しんれんしょきんせい》（第六十一〜六十三条）は、撰銭令《えりぜにれい》の初見史料として知られている。撰銭令は、価値の低い銭貨（鐚銭《びたせん》など）

を排除する撰銭行為を規制した法令である。室町幕府の撰銭令は明応九年（一五〇〇）にはじめて発令されているので、大内氏による発令時期の早さは際立っている。

その条文によれば、大内氏は、段銭《たんせん》納入に精銭《せいせん》（良質の銭貨）使用を義務づける原則を示すとともに、売買取引では洪武《こうぶ》通宝《つうほう》・私鋳銭《しちゅうせん》（私的に鋳造された銭貨）・打平《うちひらめ》（叩き潰した加工銭）の三種について撰銭行為を認めている。この法令の主旨は、当時撰銭の対象とされていた永楽《えいらく》通宝・宣徳《せんとく》通宝について一部通用を指示し、段銭納入については二十％までの混入、売買取引については三十％までの混入を、例外規定として定めたところにあり、この部分がいわゆる撰銭禁止令にあたる。通貨統制が次第に困難な状況となっていたことをうかがわせている。

ところが、三十三年後の永正十五年（一五一八）十月十四日大内氏家臣連署禁制（「大内氏掟書」第百六十七条）にも記されているように、明応五年（同第百五十九条）をはじめ、その後何度か撰銭令が発令されたにもかかわらず、撰銭行為は収まらなかったと考えられる。その条文によれば、大内氏は洪武通宝・私鋳銭・打平の三種以外の撰銭行為を厳禁して、撰銭禁止令としての主旨を強化しているので、撰銭行為の蔓延《まんえん》がいっそう深刻な課題となっていたことを示している。

撰銭行為の広がりは、十五世紀末〜十六世紀の時代状況を特徴づける現象であるが、それは東アジア規模で考えなければ理解することのできない問題でもある。明朝において一四六〇年代から「揀《かん》銭《せん》」（撰銭）に対する禁令が繰り返し発令されたことも、重要であると思われる。日本における撰銭行為拡大や撰銭令発令の原因については、明朝における国家的支払手段が銅銭から銀に転換していったことが日本列島における輸入銅銭の信用低下を招いたために撰銭行為が激しくなったとみる説（足立二〇一二）、明朝において増加した私鋳銭とそれにともなう「揀銭」がともに日本列島に波及して撰銭行為が拡大したとみる説（大田二〇一〇）、明朝からの輸入銅銭の減少が私鋳銭の増加を促す危険性を高めて撰銭令が発令されたとみる説（中島楽章二〇一二）、応仁・文明の乱を契機とする国内経済秩序の混乱を重視する説（千枝二〇一四）など、いくつかの異なる考え方がある。しかし、そのいずれであったにせよ、通貨価値の格差拡大を促す銅銭流通の混乱が、明朝の通貨変動や列島内部の経済秩序の変化とも密接に連動しながら、北部九州・本州西端の大内氏分国において、最も早い段階から現れていた可能性を示唆している。同時に、大内氏は明朝における「揀銭」禁令についても早くから情報を得ていた可能性が高く、通貨統制の必要性や方法について先進的な役割を果たしたことを示している。

守護所山口の発展

大内氏が山口を本拠としたのは、大内弘世の時代からであると伝えられている。やがて一の坂川の扇状地上に大内氏館（現在の龍福寺《りゅうふくじ》境内）が成立し、十五世紀後半にはその北側に築山館《つきやまやかた》（大内氏当主の別邸）も築かれた。

十五世紀末以降、山口に居住する大内氏家臣が増加して（「大内氏掟書」第八十三・百三条）、街区の整序が進められ、中心軸をなしていた大殿大路《おおどのおおじ》・竪小路《たてこうじ》と交わる新たな直線街路が形成された。さらに東西に貫通する石見街道の南側にまで町場が拡大して、屋敷地の整序が進められたと考えられている。

18—大内氏館庭園跡

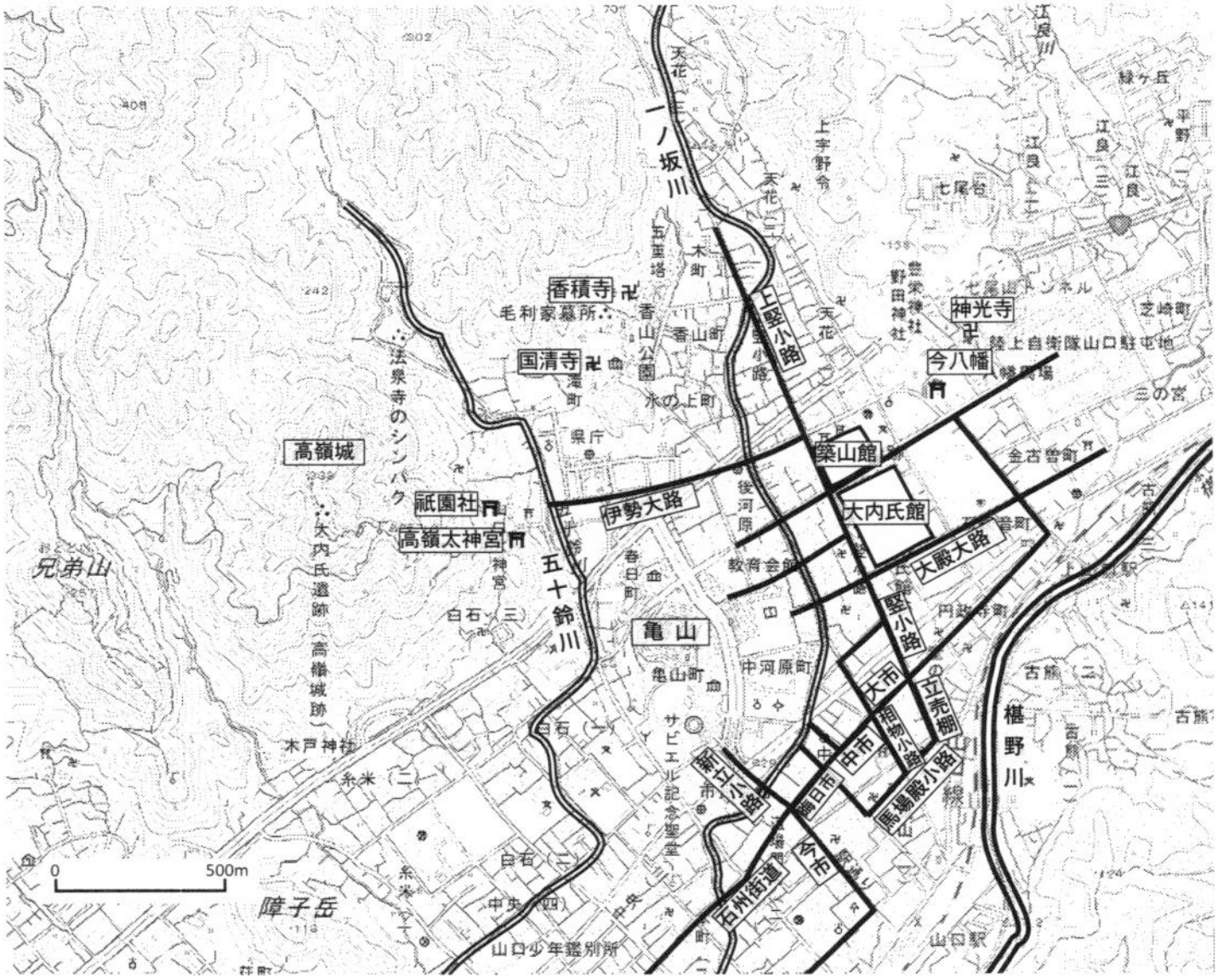

19—16 世紀の山口概念図

また、永正十七年（一五二〇）に大内義興によって高嶺太神宮《こうのみねだいじんぐう》が造営され、高嶺山麓に多数の寺社が建立されたことにより、一の坂川の西側にも町場が広がっていったと推測されている（古賀二〇〇六、山村二〇〇九、増野二〇一三）。

大内氏館跡からは、膨大な数の貿易陶磁や京都系土師器《はじき》が出土しており、東アジア海域と京都を結ぶ役割を果たした大内氏の特徴を、雄弁に物語っている。

2 足利義稙政権と西日本の諸勢力

足利義稙の周防下向

延徳二年（一四九〇）に室町幕府第十代将軍となった足利義稙《よしたね》は、前将軍足利義尚《よしひさ》以来の懸案であった六角高頼《ろっかくたかより》の征討のため近江国《おうみ》に出陣した。大内政弘は、かつて応仁・文明の乱において、義稙の父足利義視《よしみ》（足利義政《よしまさ》の弟）の下で西軍山名《やまな》宗全《そうぜん》方に属した経緯もあって、義稙の出征にあたり子息の大内義興を上洛させた。

大内義興は、文明九年（一四七七）二月十五日に生まれたと伝えられている。したがって、上洛した延徳三年当時はまだ十五歳であった。足利義稙は、二十六歳。おそらく、足利義稙と大内義興の実質的な接点はこの時にはじまったと思われる。

明応元年（一四九二）末に近江国から凱旋した足利義稙は、管領細川政元《かんれいほそかわまさもと》の反対を押し切って、明応二年二月に河内《かわち》国へ出征し、畠山政長《はたけやままさなが》を支援して畠山基家《もといえ》を討とうとした。このことが、やがて将軍家の分裂をもたらす政変の引き金となった。明応二年四月、将軍不在の京都において、細川政元が日野富子《ひのとみこ》や伊勢《いせ》貞宗《さだむね》・貞陸《さだみち》父子と共謀し、足利義稙を廃し、足利義澄《よしずみ》（堀越《ほりこし》公方《くぼう》足利政知《まさとも》の遺児、義遐《よしとお》・義高《よしたか》）を将軍に擁立するクーデターに成功したのである（明応《めいおう》の政変《せいへん》）。

　大内義興は、足利義稙の出征に従って和泉国堺に布陣していたが、明応の政変勃発後には摂津《せっつ》国兵庫津に転陣し、やがて細川政元の政権とは距離をとる姿勢を見せている。足利義稙は河内国正覚寺《しょうがくじ》城（大阪市平野区）において敗れ、越中《えっちゅう》国へ逃亡した。大内義興も、しばらく兵庫津に滞陣ののち帰国した。

　明応五年、足利義稙は大内義興をはじめとする西国の諸氏へ上洛の支援を求めた。山口にも、種村視久・一色視元らが足利義稙の使者として派遣された。そして、明応七年に朝倉《あさくら》氏を頼って越中国から越前《えちぜん》国へ入った。しかし、飢饉を理由に朝倉氏から上洛のための軍事支援を断られ、明応八年にわずかな手勢で近江国に入ったものの、六角高頼に行く手を阻まれた。そのため大内義興を頼って、その年の暮れに周防国山口へたどり着いた。その居所は、山口神光寺（現在の神福寺）の近くにあったといわれている。これ以降、足利義稙は永正五年（一五〇八）の上洛に至るまでの九年近い年月を、大内義興の庇護のもと西国において過ごすこととなる。

大内氏内部の混乱

明応の政変を契機として将軍家が分裂すると、有力守護家をはじめ多くの武家権力の内部においても、分裂・抗争が激化していった。それは、大内氏とて例外ではなかった。

明応元年（一四九二）、周防国守護代の陶武護《たけもり》が突如出家して摂津国四天王寺《してんのうじ》へ入り、宗景と称したため、家督は弟の陶興明《おきあき》が嗣いだ。ところが、明応の政変を経たのちの明応四年二月、陶武護が周防国富田《とんだ》（山口県周南市）に帰国して弟の陶興明を殺害した。これと同じ月、長門国守護代の内藤弘矩《ひろのり》は、陶武護に荷担したとの嫌疑により、大内政弘の邸内において殺害され、挙兵した内藤弘和《ひろかず》（弘矩の子息）も討たれた。以後、陶武護の活動は見られなくなる。将軍家分裂の影響がどの程度関連しているのか定かではないが、大内氏を支えてきた陶・内藤両家の惣領が大内氏との対立を経て交替するという結果となっている。その半年後の明応四年九月、大内政弘は病死し、大内義興が家督を継承した。

20—大内義興像（山口県立山口博物館所蔵）

将軍家の分裂は、やがて大内

義興の当主としての地位を脅かす存在をも生み出していった。明応八年二月、義興の兄弟で周防国衙《すおうこくが》目代《もくだい》でもあった氷上山興隆寺《ひかみさんこうりゅうじ》の大護院尊光《だいごいんそんこう》が、大内氏重臣の杉武明《たけあき》とともに反乱を計画し、その計画が露見したため、杉武明らが自害するという事件が起こった。こののち尊光は、大内高弘《たかひろ》と名乗って豊後国へ渡り、大友親治《ちかはる》を頼りながら義興への抵抗を続けていく。「高弘」という実名は、将軍足利義澄からの偏諱《へんき》（当時は足利義高と名乗っていたことによる）を受けたものと推定され、足利義澄・細川政元と連携していたことは明らかであるといえる。

大内氏の場合には、内部の分裂・抗争を結果的には未然に抑え、大内義興の家督としての権能を相対的に高めたことが、足利義稙の下向と上洛を実現させ、さらには政権参画を可能とした条件となったものと推測される。

御内書・副状の受給者たち

足利義稙が山口に下向して以降、西日本各地の諸勢力は、上洛をめざす足利義稙・大内義興と、その追討をはかる将軍足利義澄・細川政元の双方から、忠節を尽くすよう命ずる御内書《ごないしょ》や副状《そえじょう》を遣わされ、各々去就を問われる事態に直面する。

山口下向前後の足利義稙と大内義興は、肥前《ひぜん》国の渋川尹繁《しぶかわただしげ》、豊前国の佐田泰景《さだやすかげ》、肥後国の阿蘇《あそ》惟《これ》長《なが》・相良為続《さがらためつぐ》・相良長毎《ながつね》、南九州の入来院重聡《いりきいんしげさと》・菱刈重時《ひしかりしげとき》・新納忠武《にいろただたけ》・禰寝重清《ねじめしげきよ》・島津豊州家忠朝《しまづほうしゅうけただとも》・伊東尹祐《いとうただすけ》、安芸国の平賀弘保《ひらがひろやす》・毛利弘元《もうりひろもと》、石見国の益田宗兼《ますだむねかね》・小笠原氏、但馬《たじま》国の垣屋《かきや》氏などに協力を要請したことがわかる。また、永正五年（一五〇八）の上洛時には、山名氏一族、京極《きょうごく》氏一族（京極政経《まさつね》・尼子《あまご》経久《つねひさ》・宍道《しんじ》兵部少輔《ひょうぶのしょう》）のほか、但馬国の垣屋氏・大田《おおた》垣《がき》氏・田結庄《たいのしょう》氏・田公《たきみ》氏・八木《やぎ》氏・塩冶《えんや》氏・佐々木氏、伯耆《ほうき》国の片山氏・進《しん》氏・藤氏・赤木氏・赤尾氏、出雲国の多賀氏・広田氏・朝山氏・神西《じんざい》氏・田儀《たぎ》氏、石見国の佐波《さわ》氏・吉見氏・益田氏・三隅《みすみ》氏・周布《すふ》氏など、広範囲におよぶ軍勢動員を命じている（「佐田家文書」「阿蘇家文書」「相良家文書」「入来院文書」「平賀家文書」「毛利家文書」「益田家文書」「到津《いとうづ》文書」ほか）。

足利義澄は、足利義稙の周防下向と上洛に対処するため、大内義興と対立していた大友親治・大内高弘・少弐資元《しょうにすけもと》・武田元信《たけだもとのぶ》・山名《やまな》中務少輔《なかつかさのしょう》をはじめ、西日本各地の諸勢力に追討を指示している。その範囲は、対馬国の宗《そう》材盛・宗義盛《よしもり》（盛順《もりまさ》）、筑前国の麻生氏、肥前国の有馬氏、肥後国の阿蘇惟長・菊池《きくち》能運《よしゆき》・相良長毎、南九州の島津忠昌《ただまさ》・伊東尹祐、伊予国の河野《こうの》通宣《みちのぶ》、安芸国の毛利氏・小早川《こばやかわ》氏・吉川《きつかわ》氏・高橋氏、石見国の益田氏・三隅氏・周布氏・福屋氏・佐波氏、備後国の江田《えだ》氏、さらには土岐氏・浦上《うらかみ》氏・朝倉氏など、きわめて広範囲におよんでいる（「大友家文書録」「室町家御内書案」ほか）。

西日本の多くの諸勢力は、難しい選択を迫られ、それぞれの内部においても異なる立場が現れたと思われる。たとえば安芸国と石見国では、将軍足利義澄が文亀元年（一五〇一）閏六月の後柏原天皇《ごかしわばらてんのう》綸旨《りんじ》に基づいて大内義興の「退治《たいじ》」を命じた際に、竹原小早川《たけはらこばやかわ》氏・阿曽沼《あそぬま》氏・天野《あまの》氏・野間《のま》氏・吉見氏・益田氏・三隅氏はそれに従わず、請文《うけぶみ》を提出しなかった（「大友家文書録」文亀元年十一月二十四日芸《げい》石《せき》両国衆注文写）。ただし、その際に請文を提出した毛利氏・平賀氏・高橋氏・吉川氏・福屋氏・小笠原氏・佐波氏・周布氏など多くの芸石諸領主も、足利義稙・大内義興が優勢になるとそれに従う動きを示していく。いっぽうで沼《ぬ》田《た》小《こ》早川《ばやかわ》扶平《すけひら》は、足利義澄・細川政元との結びつきを重視し続けた。

上洛と船岡山合戦

足利義稙と大内義興は、永正五年（一五〇八）四月に和泉国堺へ着陣し、同年六月八日にそれぞれ数千の軍勢を率いて入京した。この上洛は、前年に細川政元が暗殺され、その養子たち（澄之《すみゆき》・澄元《すみもと》・高国《たかくに》）が主導権争いを繰り広げた混乱に乗じたものでもあった。足利義稙は将軍位に復帰し、細川高国を細川惣領家（京兆家《けいちょうけ》）家督に定めて管領に任じた。また大内義興は、山城国守護職に任じられ、従四位上《じゅしいのじょう》に叙せられた。ここに、細川高国・大内義興・畠《はたけ》山尚順《やまひさのぶ》・能登畠山義元《よしもと》らに支えられた足利義稙政権が誕生した。

大内義興自身は、長く京都にとどまるつもりはなかったようであるが、畿内の情勢がそれを許さなかったと思われる。永正八年八月、政権奪回をめざす足利義澄派（細川澄元・細川政賢《まさかた》・三好之長《みよしゆきなが》など）の諸勢力が各方面から京都に迫り、足利義稙は大内義興・細川高国らとともに丹波に逃れた。義澄は時を同じくして病没し、反撃に転じた義稙方が京都へ侵攻すると、両軍は八月二十四日に北野・船岡山において激突した（船岡山合戦《ふなおかやまかっせん》）。大内氏重臣の問田《といだ》弘胤《ひろたね》が戦死したように、激しい戦闘は双方に多くの死傷者を出したが、結果は足利義稙方の勝利に帰した。翌永正九年、大内義興はこの戦いでの戦功を後柏原天皇から賞され、従三位《じゅさんみ》に叙せられて公卿《くぎょう》に列しており、武家としては破格の栄誉を得ている。

大内義興は、足利義稙を支えて幕政にも深く関わった。その基調は、本所領主権の保護を基本とする堅調なものであり、幕府職制上の位置づけも抜きん出たものとまではいえないが、軍事的基盤を背景として将軍と諸勢力を仲介する役割を担い、大きな影響力を有した。

大内義興の帰国と西日本社会

長期にわたる在京を望んでいなかったのは、大内義興だけではなかった。足利義稙方が劣勢となった永正八年（一五一一）八月中旬、吉川氏など芸石諸領主の一部が戦線を離脱した。また同年十二月には、多くの芸石諸領主が長期の在京は迷惑だと訴えて帰国した（「益田家文書」二六六）。

船岡山合戦から半年後の永正九年三月三日、安芸国の天野興次《おきつぐ》・天野元貞《もとさだ》・毛利興元《おきもと》・平賀弘保・小早川弘平《ひろひら》・阿曽沼弘秀《ひろひで》・野間興勝《おきかつ》、また石見・安芸両国に基盤を有した高橋元光《たかはしもとみつ》・吉川元経《きっかわもとつね》の計九名の領主たちは、上意や諸大名からの命令、相互の相論・紛争、外部勢力との戦争における合力などについて、自律的に対応・解決するための盟約を取り結んだ（「右田毛利家文書」・「平賀家文書」一六八）。盟約者には、前年に大内氏に無断で京都を立ち去って帰国した領主が多数含まれている。この盟約において重要な点は、たとえ足利義稙や大内義興の命令であっても、盟約者全体の合議を経たうえでなければ従うかどうかを決められないと宣言していることである。彼らの選択肢がほかにも存在しうること、そして安芸国でも指折りの有力領主たちが一揆契状《いっきけいじょう》を取り交わして形成した「ヨコ」の論理が、幕府・守護など「タテ」の論理に対抗しうることを、明確に主張している。

大内義興が帰国するのは永正十五年八月のことであるので、在京は十年もの長きにおよんだ。帰国の理由は、出雲国尼子経久や安芸国武田元繁《もとしげ》が反大内方となって中国地方を戦乱の渦に巻き込んだからであるといわれている。ただし、尼子氏の動向はまださほど顕著なものではなかったし、武田元繁は前年の永正十四年に戦死している。おそらく、当時は大内方として振る舞っている多くの領主たちのなかに、いつ、どのような形で、大内氏の基盤を損なう動きを示す者が現れるのか予想のつかない状況が拡大し、大内義興がそのことに危機感を募らせたためであると思われる。

各領主間や同族同士の対立・抗争そのものはこれ以前から広くみられたが、十六世紀前半は、将軍家や有力守護家の分裂・抗争の進行を契機にさらなる対立軸の乱立が促され、既存の支配—従属関係や盟約関係がたえず脅かされ突き崩されていく時代であったと考えられる。永正九年の盟約はそのことを裏づける一事例であるとともに、一揆契状による盟約そのものが不確実な側面を有するものであったことは、その後の戦乱の様相を見れば明らかであると考えられる。また、永正八年（一五一一）に安芸国高田《たかた》郡の中郡衆《なかごおりしゅう》（井原氏・内藤氏・三田氏・秋山氏）が役銭負担を誓約して毛利興元の麾下《きか》に属した（「毛利家文書」一九六など）ように、一族・譜代・周辺諸領主が、主体的に特定の人物のもとに結束し「家中《かちゅう》」としてのまとまりを強める動きが目立つのは、対立軸の複雑化による知行保障の不安定化が大きな要因であったと考えられる。戦国期の武家領主権力を特徴づける権力基盤として注目されてきている「家中」の形成は、十六世紀前半の分裂的状況によって促された側面があったといえる。そして、「家中」もまた、たえず分裂の危機を内包し、不安定で流動的な側面を有していたと考えられる。

3　大内氏と大友氏・少弐氏の抗争

大内氏と大友氏の博多支配

九州北部を中心とする大内氏と大友氏・少弐氏の抗争は、十五〜十六世紀前半の西日本全体に大きな影響をおよぼした。そしてその抗争の焦点は、博多《はかた》にあったといってても過言ではない。中世の博多については、文献史料に残された情報とともに、膨大な考古学分野の成果が蓄積されて、当時の姿がいっそう明らかにされてきている（佐伯一九八七ほか、大庭二〇〇九、大庭ほか編二〇〇八）。

九世紀に新羅《しらぎ》・唐《とう》海商が来航して以来、朝廷は、筑前国博多を海商たちの来航すべき貿易港として認識し、貿易管理を行った。その公的貿易管理体制は、十一世紀半ばに宋《そう》海商の拠点が鴻臚《こうろ》館《かん》から博多唐房《とうぼう》（博多浜の西岸）に移った後も維持された。十二世紀半ばに博多唐房は解消され、中央政府の関知しない対外通交が拡大していくが、博多は貿易拠点としての圧倒的な優位性を維持・発展させていく。

21―博 多・聖 福 寺

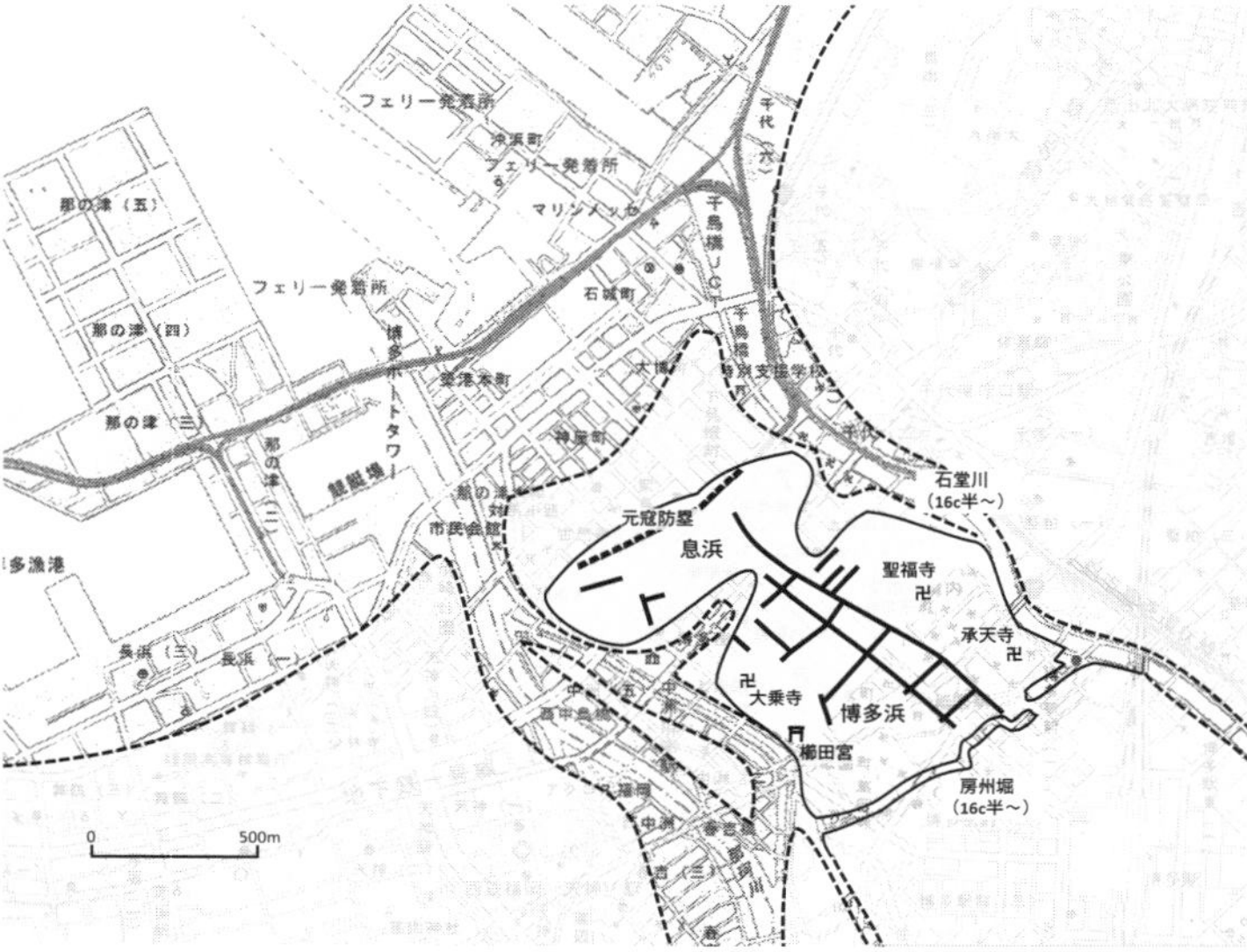

22―16 世紀の博多概念図

博多唐房の所在地を基盤に形成された都市博多は、十四世紀初頭ごろの道路整備などによって町割の骨格を整え、急速に発展していった。博多は、博多浜と息浜《おきのはま》（興浜）という二つの砂丘からなっていたが、十二世紀初頭以来の継続的な埋め立てにより結びつけられ、いずれも都市化していった。第一章でもふれたように、中世博多の商人や禅僧たちは、東アジア海域における通交・交易活動のさまざまな局面において欠かすことのできない役割を果たしていた。博多浜の承天寺《じょうてんじ》・聖福寺《しょうふくじ》や櫛田宮《くしだぐう》などは、彼らの活動の拠点として、とりわけ重要な位置を占めた。

十五世紀以降の博多においては、少弐氏、大友氏、大内氏の三者が、支配をめぐるせめぎ合いを繰り広げた。少弐氏（武藤氏）は、鎌倉期以来、博多の所在する筑前国守護を歴任した。鎌倉期以来の豊後国守護であり十五世紀以降は筑後国守護職も相承した大友氏は、元弘三年（一三三三）に建武政権から「勲功の賞」として博多息浜（興浜）を与えられ、以後十六世紀末に至るまでほぼ一貫してここを確保した。大内氏は、早くから博多の禅僧たちとの結びつきを介して大陸との通交・交易を展開していたが、博多支配に直接関わるようになるのは、大内持世の時代、永享九年（一四三七）以降のことである。筑前国や博多をめぐる大内氏と少弐氏の抗争は、西日本における主要な対立軸の一つとなった。

大内氏は、家臣の飯田氏（秀家《ひでいえ》・弘秀《ひろひで》・興秀）を博多代官に任じ、現地には山鹿《やまが》氏を下代官として常駐させて博多を支配した。大内氏は、大友氏による息浜支配については基本的には容認せざるをえなかったが、息浜への「入船公事《いりふねくじ》」徴収権については、文明十一年（一四七九）以降、大内氏が強引に接収したと考えられており（佐伯一九八四）、以後十六世紀前半に至るまで、大内・大友両氏による息浜の争奪が繰り返されていく。なお、大内氏滅亡後の十六世紀後半は、大友氏が博多全体を管轄した。

大内氏・大友氏の抗争と少弐氏

十五世紀における大内氏と大友氏の抗争は、それぞれの家督継承をめぐる内部抗争とも密接に関連し、また幕府との政治的な関係性にも大きく規定されながら繰り広げられた。特に、大友氏家督問題に将軍足利義教《よしのり》・大内盛見・大内持世が介入し、永享八年（一四三六）に大友持直《もちなお》を豊後国姫岳《ひめだけ》（大分県臼杵市など）において討滅するに至った一連の抗争と、筑前国奪回をめざす少弐氏が、大友政親《まさちか》・大内教幸《のりゆき》・大内武治《たけはる》と連携して、筑前・豊前・石見において大内政弘方と戦った応仁・文明の乱（一四六七〜七七）の時期の抗争は、規模の大きな争乱となった。ただし、そのいずれにおいても大内氏が優位な形で終結した。

文明十年（一四七八）に大内政弘が少弐政資《まさすけ》から筑前国を再び奪回して以降も、政資による反撃は続き、延徳元年（一四八九）に大友政親と結束して筑後国へ侵攻した。そして明応三年（一四九四）には、ついに肥前・筑後両国のほとんどを制圧するに至っている。さらに明応五年の末には、少弐氏配下の肥前国千葉氏・龍造寺氏《りゅうぞうじ》が、大内方の原田《はらだ》興種《おきたね》の筑前国高祖城《たかす》（福岡県前原市）を攻撃し、博多を目前にするところまで勢力をおよぼした。

これに対して大内義興は、明応五年十二月に出陣して長門国赤間関《あかまがぜき》（山口県下関市）に本陣を置き、筑前国へ軍勢を派遣した。戦況は大内方が優勢となり、少弐政資は大宰府《だざいふ》（福岡県太宰府市）から筑前国岩門城《いわと》（福岡県那珂川市）へ撤退し、さらに明応六年三月には、弟の千葉胤資《ちばたねすけ》が拠る肥前国晴気城《はるけ》（佐賀県小城市）まで逃れた。しかし、大内方の攻勢によって同城も落城し、明応六年四月に少弐政資は子息の少弐高経《たかつね》とともに自害した。少弐政資の子少弐資元《すけもと》は、大友氏を頼って落ち延び、後年再び大内氏と戦うことになるが、もはや昔日の勢威を取り戻すことはできず、十六世紀前半の少弐氏は衰退の一途をたどったといわざるをえない。

大内義興と大友親治の攻防

明応五年（一四九六）、大友義右《よしすけ》（材親）とその父の大友政親《まさちか》が、相次いで死去した。北陸において上洛の機会をうかがう足利義稙からの策動に応じた義右が、政親に毒殺された、との風聞も都に伝えられる（『後法興院記《ごほうこういんき》』）など、二人の死の真相には定かでないところもあるが、父子が対立していたことと、政親の死が大内義興の命によるものであることは、事実と思われる。この事件は、大友氏を大混乱に陥れるとともに、再び大内氏と大友氏の対立が激化していく契機となった。

大内氏と大友氏は、南北朝期以来何度か婚姻関係を結んできた。たとえば、大友政親には大内教弘の娘が輿入《こしい》れし、生まれた大友義右は教弘の孫にあたる。その義右には大内政弘の娘が輿入れしたので、義右と大内義興は義理の兄弟ということになる。大友義右とその支持勢力が、大内義興との連携を重視した背景には、このような婚姻関係の積み重ねがあったと考えられる。

大友政親・義右父子の急死により家督を継承した大友親治《ちかはる》は、明応五年七月、本拠の府内《ふない》大友館（大分市顕徳町）近辺において市河親清《いちかわちかきよ》・朽網繁貞《くたみしげさだ》らを討つ大規模な粛清を断行し（御所之辻合戦《ごしょのつじかっせん》）、五百余名もの犠牲者を出して、大友義右支持勢力の多くを排除した。大内義興はこの事態に対抗するため、大聖院宗心《だいしょういんそうしん》（大友政親・親治兄弟の従兄弟）を大友親治に代わる大友氏家督候補者として強力に支援しはじめた。また大友親治も、大護院尊光（大内義興の兄弟、のちの大内高弘）を大内義興に代わる大内氏家督候補者として強力に支援したことは、すでにふれたとおりである。

明応七年十月、大友氏の軍勢が豊前国へ侵入し、宇佐《うさ》郡代の佐田泰景《さだやすかげ》など大内方の勢力と戦った。これ以降、豊前国を主戦場とする大内氏と大友氏の激しい戦争が、約三年間にわたって繰り広げられることとなった。明応八年には、大内氏が重要視して修築させた宇佐郡の妙見岳城《みょうけんだけ》（大分県宇佐市）が、大友氏の軍勢による猛攻にさらされ、やがて城衆の佐田氏・安心院《あじむ》氏・飯田氏らがいったん降伏して豊後国へ連行された。佐田氏と同族で、豊前国の有力領主であった城井《きい》氏も、大友氏へ転じた。

文亀元年（一五〇一）、豊後国国東《くにさき》郡の田原親述《たわらちかのぶ》が大友親治に反旗をひるがえし、これに呼応するかのように大内氏の水軍が別府湾に侵入した。田原氏は大友氏の有力な庶子家であり、その基盤である国東半島は周防灘を挟んで大内氏分国に近接する場所に位置していた。大内氏は妙見岳城も奪回し、ようやく戦況を好転させつつあった。文亀元年閏六月には、大内方の重要拠点の一つであった豊前国馬岳城《うまがだけ》（福岡県行橋市）が、大友氏・少弐氏の軍勢に攻撃された。大内氏は、肥前・筑前方面に展開

23―大内氏・大友氏・一条氏等関係略系図

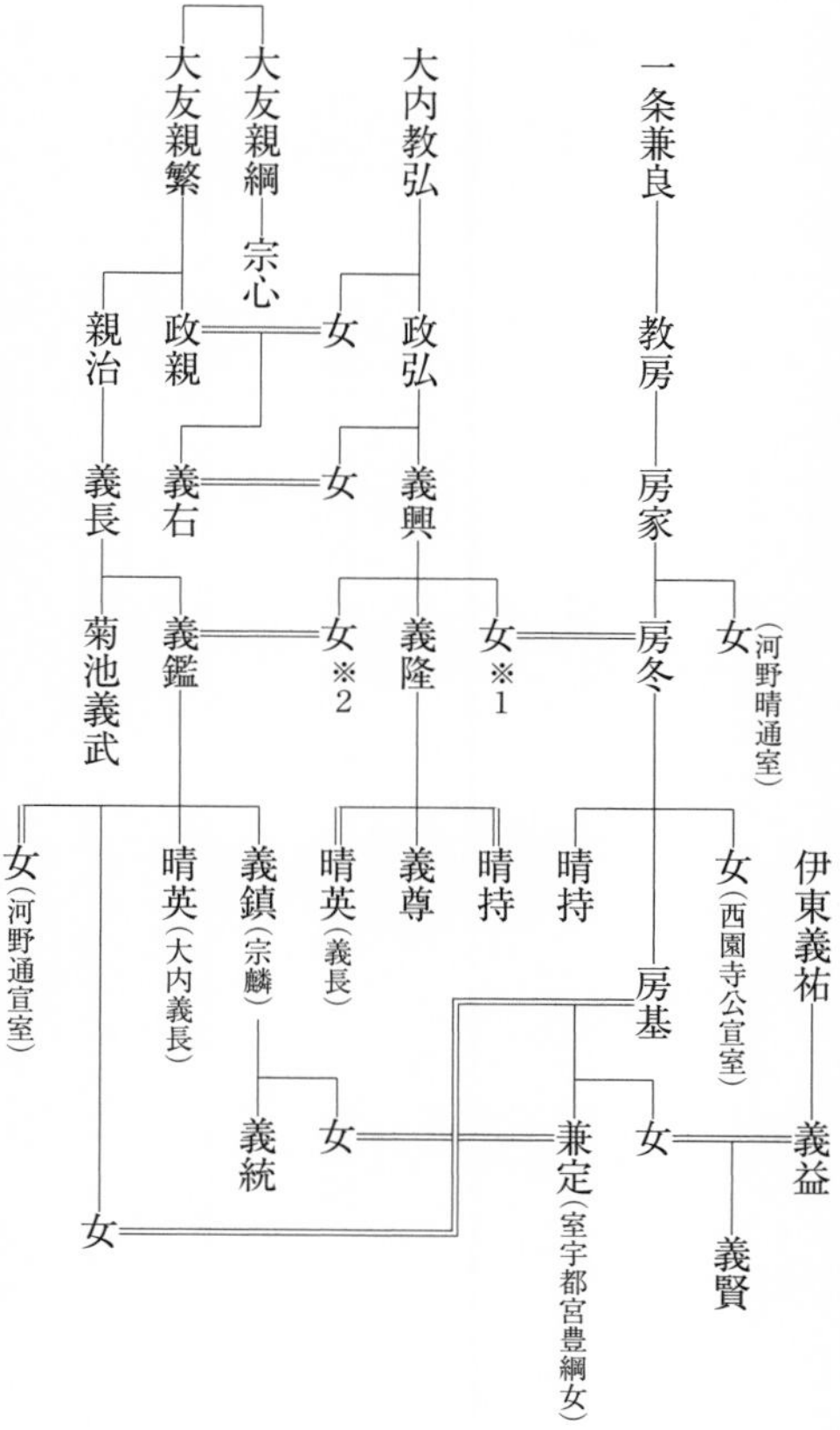

※1土佐一条氏に輿入れした大内義興の娘については、一条房家の室とする説、一条房冬の室とする説があり、また晴持の母とする説もある。なお晴持の母については、同時代人の棚守房顕が「房顕覚書」に記しているので、伏見宮邦高親王の娘である可能性が高いが、未詳。

※2大友義鑑に輿入れした大内義興の娘については、義鎮・晴英の母とする系図や、一条房基室の母とする系図もあるが未詳。義鎮・晴英の母については、東坊城家〈菅原〉女、あるいは坊城家〈藤原〉女とする説もある。

していた軍勢を援軍に向かわせたが、周防灘に面した沓尾崎《くつおざき》(福岡県行橋市)における合戦では、援軍の指揮官であった仁保護郷《にほもりさと》をはじめ多数の戦死者を出した。しかし、馬岳城における攻防は大内方優勢となり、大友方の軍勢は同年七月に敗走し、大友氏は大きな痛手を被った。馬岳城合戦は、大内氏・大友氏の戦争の帰趨を決する分岐点となった。大内氏は、再び優位な形で大友氏との戦争を終息させることに成功した。

松浦氏・相良氏と大内氏

ところで、大内氏は十五世紀後半以来、肥前国の平戸松浦《ひらどまつら》氏や肥後国の相良《さがら》氏との間において、良好な関係を結んでいった。

平戸(長崎県平戸市)をはじめとする肥前国松浦地方の沿岸地域は、博多から五島列島を経由する遣明船の主要航路上に位置していた。中世松浦党は、松浦地方各所にそれぞれ自立的に連携しながら割拠して少弐氏被官も多数輩出したが、なかでも下松浦党の分家平戸氏(平戸松浦氏)が、十五世紀後半には少弐氏支持勢力に対抗しながら次第に勢力を拡大した。明応元年(一四九二)、平戸の松浦正は、兄との家督継承をめぐる対立を契機に、有馬氏・大村氏など肥前国の有力諸家や、下松浦党の嫡流家(相神浦松浦氏《あいこのうら》)などからの攻撃を受けたが、大内氏を頼って勢力を回復し、大内政弘の偏諱を受けて松浦弘定《ひろさだ》と名乗った。その跡を嗣いだ松浦興信《おきのぶ》も、その子松浦隆信《たかのぶ》も、それぞれ大内義興・大内義隆の偏諱を受けて、十六世紀前半には一貫して大内氏に従う立場をとった。特に松浦隆信は、肥前国佐世保《させぼ》の後藤氏や、相神浦松浦氏を制圧して、支配領域を拡大するとともに、平戸に倭寇《わこう》の大頭目王直《おうちょく》を招くなど、東アジア海域との結びつきをいっそう深めていった。天文十九年（一五五〇）、フランシスコ・ザビエルが平戸において松浦隆信の歓待を受けたのち、山口に向かったことも、松浦氏と大内義隆との親密な関係を背景とするものであったと推測される。

戦国期に肥後国南部の三郡（球磨《くま》郡・葦北《あしきた》郡・八代《やつしろ》郡）を治めた相良氏は、応仁・文明の乱において大内政弘に従ったことを契機として、大内氏との結びつきを重視していった。大内義隆家臣の相良武任が「御同名《ごどうみょう》」と称されている（「相良家文書」四六三）ように、肥後国相良氏と大内氏家臣相良氏は同族であったと考えられている（中島二〇一六）。肥後国相良氏と大内氏の関係はあくまでも双方の利害に即したものではあったが、長期にわたって良好な関係が続いたことは大きな特徴であると思われる。天文十四年、大内義隆が「御船渡唐奉行」に任じられた際には、相良長唯《ながただ》（義滋《よししげ》）が往還の警固を命じられており（「相良家文書」四一五・四二三）、相良氏は大内氏が主導した最後の遣明船に参画したことがわかる。そのいっぽうで、天文七年、相良氏は渡唐船と思われる「市木丸」を建造し、以後、肥後国八代の要港徳渕《とくのふち》を拠点に何度か渡唐船を出航させている（『八代日記』）。相良氏が自ら建造・出航させた渡唐船はいずれも正式な遣明船ではなく、中国側から見れば紛れもない倭寇船と認識された。相良氏が、東アジア海域の貿易活動に強い意欲を持っていたことを裏づけている。

平戸松浦氏と肥後国相良氏の基盤は、いずれも鄭舜功《ていしゅんこう》『日本一鑑《にほんいっかん》』に記された明使上洛経路「夷海上道」（坊津《ぼうのつ》—九州西岸—瀬戸内海—兵庫津）と密接に関わる地域に位置している。また、両者の直接的な交流も確認される（「相良家文書」三〇九）。大内氏との具体的な関係性は両者それぞれで異なっているが、大内氏与党としての松浦氏の存在や、相良氏との良好な関係は、大友氏や少弐氏との対立関係を打開し、東アジア海域との結びつきを志向する大内氏にとって、大きな意味を持ったと考えられる。

三　分裂・抗争の拡大

1　南九州の争乱

孤立を深める守護島津奥州家

十五世紀に、島津氏《しまづし》本宗家《ほんそうけ》として薩摩《さつま》・大隅《おおすみ》・日向《ひゅうが》三か国守護職を相承した島津奥州家《おうしゅうけ》は、島津立久《たつひさ》の時代に最も安定し、各地に新たな直轄領や島津姓庶子家を配置して分国支配体制を整えた。しかし、文明六年（一四七四）に島津立久が没して、子の島津忠昌《ただまさ》（武久《たけひさ》）が跡を嗣《つ》ぐと、再び対立と抗争の時代に後戻りしていった。たとえば、文明八年の大規模な争乱を経て、文明九年には島津忠昌と島津氏有力一族「一家中《いっかちゅう》」との契約（「島津家文書」三三七）が結ばれ、島津忠昌の主導権は大きな制約を受けることとなった。それ以後も紛争が絶えることはなく、明応三年（一四九四）に島津忠昌が大隅国南部の有力領主肝付兼久《きもつきかねひさ》を攻撃した際には、新納《にいろ》氏・禰寝《ねじめ》氏・北郷《ほんごう》氏・祁答院《けどういん》氏・伊東《いとう》氏をはじめとする多数の有力一族・領主・守護被官たちが忠昌に敵対している。

おそらくそのような状況をふまえ、明応八年に足利義稙《あしかがよしたね》を山口に迎えた大内義興《おおうちよしおき》は、島津忠昌の頭越しに、島津豊州家忠朝《ほうしゅうけただとも》へ、あるいは日向国の伊東尹祐《ただすけ》を介して新納忠武《ただたけ》・菱刈重時《ひしかりしげとき》へ、また肥後《ひご》国の相良為続《さがらためつぐ》を介して入来院重聡《いりきいんしげさと》・禰寝重清《しげきよ》に対して、それぞれ忠節を求める文書を送っている。分国内の混乱を収めることができなかった島津忠昌は、永正五年（一五〇八）二月に突如自害して果てた。

このようにして、十六世紀初頭の南九州は、「三州大乱」（『島津国史』）とも称される大規模な抗争と混乱の時代を迎えた。

24―島津氏略系図

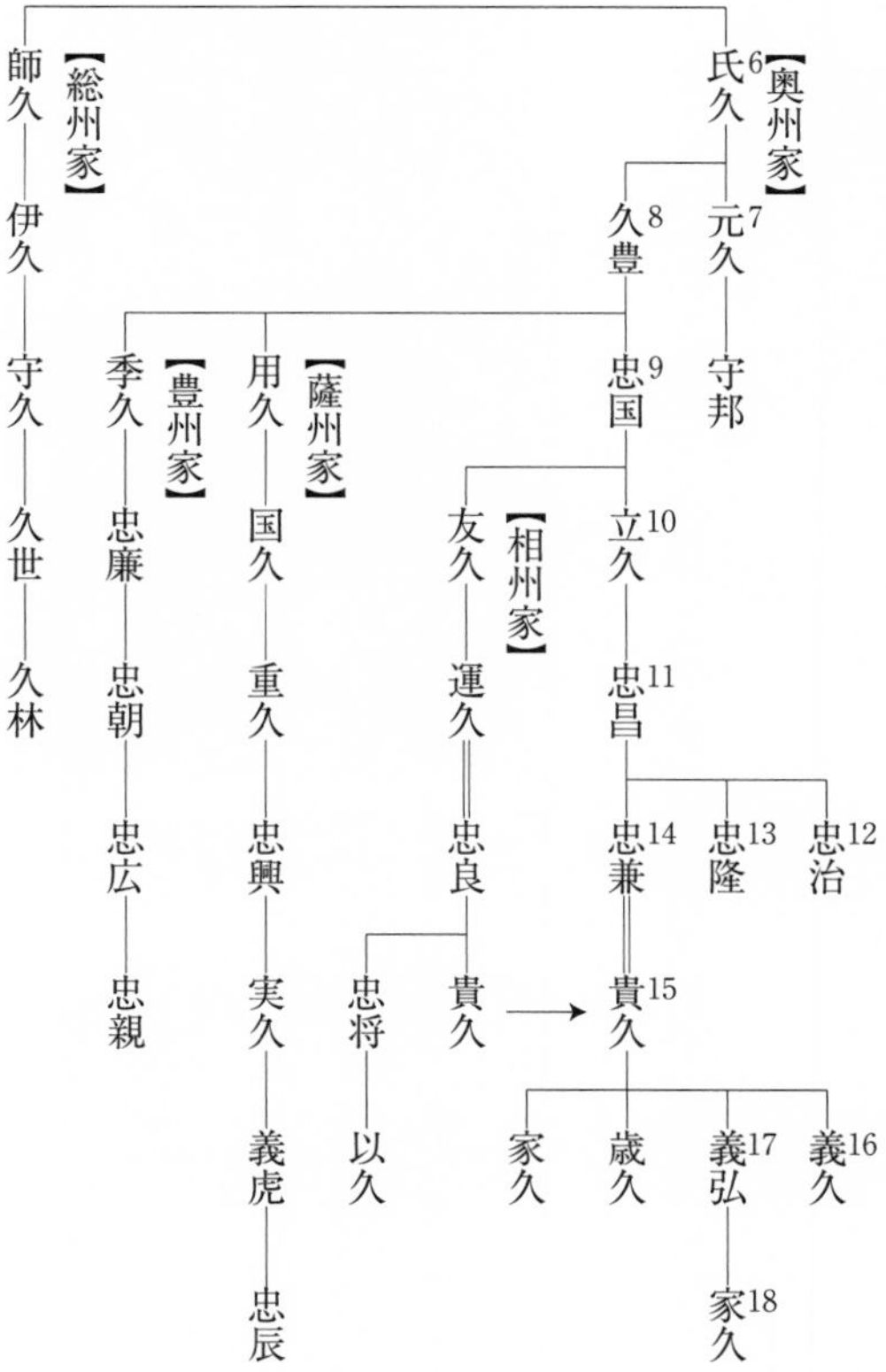

25―島津忠朝墓所（日向国安国寺跡）

島津豊州家と飫肥・油津・外之浦

この時期に日向国飫肥《おび》を本拠とした島津豊州家は、基本的には守護島津奥州家を支持しながらも、自立性の高い動向を示した。

島津豊州家は、島津立久の叔父季久《すえひさ》を祖とし、大隅国帖佐《ちょうさ》郷（鹿児島県姶良《あいら》市）などを与えられて成立した庶子家であるが、応仁・文明の乱では西軍方となって立久と対立し、文明八年（一四七六）～十七年の紛争においても、島津氏一族の薩州家《さつしゅうけ》や伊作《いざく》氏などとともに守護島津忠昌に敵対する陣営に属した。文明十七年に豊州家島津忠廉《ただかど》が守護島津忠昌と和睦して伊作久逸《ひさとし》が制圧されたのち、帖佐から移封され、それまで伊作氏が治めていた日向国櫛間《くしま》院《いん》（宮崎県串間市）や、新納忠続《ただつぐ》の本拠であった日向国飫肥が、島津豊州家の所領となった。

島津豊州家は、飫肥とともに獲得した要港油津《あぶらつ》・外之浦《とのうら》を擁して、琉球王国や大内氏・細川氏からも重視されたが（第一章）、島津忠廉と連歌師宗祇《そうぎ》との交流からは、日本海経由の可能性も含む京都・堺との往来も確認される（川添一九八二）。さらに、忠廉の跡を嗣いだ島津忠朝が、永正度遣明船をめぐる細川氏・大友氏との紛議を仲介し（橋本二〇〇五）、大友義鑑《おおともよしあき》に対して「御累代連綿《ごるいだいれんめん》の御芳志《ごほうし》」を謝した（『旧記雑録前編二』一九六一）ように、豊後《ぶんご》国大友氏ともつながりを有していた。延徳二年（一四九〇）に島津忠廉が室町幕府から遣明船警固を命じられたことは、そのような島津豊州家の基盤や関係性をふまえたものと推測される。

また、日向国都城《みやこのじょう》（宮崎県都城市都島町）を本拠とする島津氏一族北郷氏とは、十六世紀前半を通して同盟関係にあり、のちの天文十五年（一五四六）に北郷忠相《ただすけ》の嫡男忠親《ただちか》が、養嗣子として島津豊州家の家督を継承したように、両者の関係はいっそう緊密化していった。さらに、天文六年に新納氏を攻略して志布志《しぶし》湾周辺を併合したことによって、日向国南部と周辺海域への影響力を一段と高めた。島津豊州家は、北郷氏との結束を背景としながら、日向国南部における基盤を拡大し、伊東氏の侵攻に対抗しながら、自立的な立場で守護家を支えていった。

このの ち、島津豊州家と伊東氏との対立は、永禄十一年（一五六八）に豊州家島津忠親が伊東義祐《よしすけ》に飫肥本城を最終的に明け渡すまで、長期にわたって繰り返された。

伊東氏と島津氏の攻防

日向国都於郡《とのこおり》（宮崎県西都市）を本拠として宮崎平野を中心に勢力を拡大した伊東氏は、文明十六年（一四八四）、飫肥の新納忠続と櫛間院の伊作久逸の抗争に介入し、翌年には伊東祐国《すけくに》が伊作氏を支援して飫肥へ侵攻し、討死している。伊東氏はその後も日向国南部への拡大を志向し続け、明応四年（一四九五）に伊東尹祐が守護島津忠昌と和睦して庄内《しょうない》（都城盆地）北部の三俣院《みまたいん》を割譲されたのちも、新納氏・野辺《のべ》氏・島津薩州家・島津豊州家・北郷氏らとの抗争が止むことはなかった。

明応八年に大内義興が、大隅国北部の菱刈重時や、日向国救仁院《くにいん》（鹿児島県志布志市）の新納忠武に対して、足利義稙への忠節を求めた際には、伊東尹祐が取次役を務めた。

永正元年（一五〇四）、伊東尹祐は三俣院を足がかりに庄内へ本格的に侵攻し、真幸院《まさきいん》（宮崎県えびの市・小林市）の北原久兼《きたはらひさかね》と連携して、北郷氏をはじめ島津氏一族と戦った。永正十八年に、野々三谷《ののみだに》（宮崎県都城市野々美谷町）の樺山《かばやま》氏を退去させ、大永二年（一五二二）には小鷹原《こたかばる》の戦いで北郷氏を破ったほか、大永三年に新納忠勝《ただかつ》を婚姻により味方に引き入れ、伊東氏が優勢となった。しかし、同年に伊東尹祐が討死すると、跡を嗣いだ伊東祐充《すけみつ》は北郷氏と和睦した。さらに、天文二年（一五三三）に伊東祐充が死去すると、後継者をめぐる伊東氏内部の紛争を好機ととらえた北郷忠相と島津忠朝が三俣院への圧力を強め、天文三年に伊東氏の勢力は庄内から一掃された。

島津奥州家包囲網の形成

守護島津奥州家では、島津忠昌の跡を嗣いだ島津忠治《ただはる》が永正十二年（一五一五）に没すると、その跡を嗣いだ島津忠隆《ただたか》も永正十六年に没し、島津忠兼《ただかね》（のちの勝久《かつひさ》）が家督を嗣いだ。このように島津奥州家の家督継承は不安定な経緯をたどっており、そのことが「三州大乱」をさらに激化させる契機ともなった。

永正十七年に伊東氏が庄内へ侵攻したころ、守護島津奥州家忠兼を支持したのは島津豊州家忠朝・北郷忠相・樺山長久《ながひさ》などに限られており、島津相州家忠良《そうしゅうけただよし》・島津薩州家実久《さねひさ》・北原久兼・祁答院重《しげ》武《たけ》・肝付兼興《かねおき》・頴娃《えい》兼心など分国内各地の一族・諸領主、肥後国南部の相良長祇《ながまさ》・名和《なわ》武顕《たけあき》などが連合し、大規模な守護島津氏包囲網を形成していた。その背景には、薩摩・大隅・肥後国境地帯（相良氏・島津薩州家・渋谷《しぶや》氏一族・菱刈氏ほか）、日向国南部（島津豊州家・島津薩州家・北郷氏・新納氏・野辺氏ほか）、大隅国南部（肝付氏・禰寝氏・新納氏・種子島氏・島津豊州家ほか）などのように、婚姻関係を通して形成された島津氏一族・諸領主の地域的な結びつきがあったと考えられている。新名一仁氏は、十五世紀末から形成されたこのような地域的まとまりを「地域ブロック」と仮称し、それらが「三州大乱」の構造的な基盤となっていたことを指摘している（新名二〇一二）。島津薩州家と島津相州家は、そのいずれの地域的連携とも関わりを有し、また島津豊州家と北郷氏は、守護島津奥州家とそれらの地域的連携の両方に関わる存在として、それぞれ自立的な動向を示した。

島津奥州家・薩州家・相州家の攻防

大永六年（一五二六）、守護島津忠兼は、島津相州家忠良（日新《じっしん》）の子虎寿丸《とらじゅまる》（島津貴久《たかひさ》）を養子に迎え、翌大永七年四月以前に家督を虎寿丸に譲って隠居した。その実態は、禅譲ではなく、誼《よしみ》を通じた島津忠兼家臣たちとともに相州家が奥州家の家督を奪い取った政変とみられている（新名二〇一七）。

島津相州家は、島津立久の庶兄友久《ともひさ》を祖として分出した庶子家であり、島津氏一族伊作氏と深い血縁関係にあったことから、田布施《たぶせ》（鹿児島県南さつま市）・伊作《いざく》（同日置市）など薩摩半島西側中部を中心に基盤を有した。しかし、奥州家家督を掌握した島津貴久への支持は広がらず、やがて島津薩州家実久が島津忠兼を擁して相州家を守護所鹿児島から退去させた。復権した島津忠兼は、勝久と改名し、島津貴久から家督を「悔い返し」て当主の座に復した。

大隅国府周辺では島津相州家や新納忠勝・本田兼親《ほんだかねちか》による抵抗が続いたが、島津豊州家忠朝の要請によると思われる大内義興の和平調停を契機として、享禄二年（一五二九）にいったん和睦が成立した（『旧記雑録前編二』二一二五〜二一二七・二一五六）。しかし、今度は島津薩州家実久による島津勝久（忠兼）排斥の動きが顕在化しはじめ、天文四年（一五三五）に勝久（忠兼）は鹿児島から追放された。このようにして島津実久が実権を掌握し、あわせて守護の地位を獲得したとも考えられている（山口一九八六）。いっぽう、島津相州家忠良・貴久父子は、追放された島津勝久（忠兼）とも連携しながら、粘り強く抵抗を続けた。

新納氏の興亡

日向国救仁院（志布志）の島津氏一族新納忠勝は、島津奥州家忠兼を支持した島津豊州家忠朝・北郷忠相と対立関係にあり、大永三年（一五二三）には伊東尹祐と提携して南北から豊州家・北郷氏を挟撃する形勢を生み出し、大永四年に豊州家の櫛間院を奪取した。伊東氏の後退によりいったんは北郷忠相とも連携したが、大永七年からの奥州家・薩州家・相州家の抗争では、豊州家・北郷氏との対立的関係を背景にしばしば反守護方を支持した。そのため、大隅国府周辺では、新納忠勝と結ぶ本田兼親と、奥州家・薩州家・北郷氏らの間で軍事衝突が繰り広げられた。

享禄二年（一五二九）、新納忠勝は、大内義興の調停に従い守護所鹿児島に伺候《しこう》して奥州家と和睦したが、天文四年（一五三五）に薩州家実久が奥州家勝久（忠兼）を追放したため、相州家にくみして実久に敵対した。しかし薩州家方は優勢であり、新納領内へ侵攻した豊州家・北郷氏によって志布志城は天文六年に攻略されてしまった。南九州の分裂的状況のなかで劣勢の側にも荷担する自立性の高い動向を示した新納氏は、ついにその基盤を失って没落したのである。

26—坊津（鹿児島県南さつま市）

海域に開かれた南九州の対立軸

島津氏一族・諸領主の対立・抗争は、南北朝期以来何度も繰り返されてきたものではあるが、十六世紀前半（一五三〇年代まで）には対立軸が淘汰されながら多軸化し、いっそう複雑で流動的な情勢となったことが知られる。こうした顕著な動向を生み出した背景には、南九州の地政学的な特徴や、琉球王国と南海路の隆盛が、深く関わっていたと考えられる。中国大陸・琉球王国と日本の畿内を結ぶ要衝としての重要性をますます高めていた南九州には、豊州家が支配した油津・外之浦、豊州家や新納氏が治めた櫛間・志布志、薩州家の坊津《ぼうのつ》・枕崎《まくらざき》・加世田《かせだ》、頴娃氏の山川をはじめとして、それぞれ独自な役割を果たす多数の港湾が存在し、琉球王国の隆盛を背景としながら外に向かって開かれていた。さまざまな外部勢力と、多様な政治的連携を生み出す可能性の高い流通構造であったともいえる。周防《すおう》国大内氏も、そうした外部の勢力の一角を占めていたのである。

2 大友氏と周辺諸国の争乱

朽網親満の反乱

大友親治《ちかはる》は、文亀元年（一五〇一）に家督を子の大友義長《よしなが》に譲ったが、大永四年（一五二四）に亡くなるまで当主を補佐した。大友義長は、永正十二年（一五一五）十二月二十三日に当主としての心構えなどを列挙した条々事書（「大友文書」『編年大友十四』三四三号）を記し置き、そのころに子息の大友義鑑《よしあき》（親安《ちかやす》・親敦《ちかあつ》）に家督を譲ったとみられている。大友義長は、その後も実権は保持したが、永正十五年に父の大友親治に先立って死去した。六月三日大友義長条々事書（同上四七七号）は同年に大友義鑑に授けた訓戒状と推定されており、大友氏に従わない豊後国田原氏（第二章3）・筑後国星野氏を許容しないとする意志表明や、肥後国阿蘇《あそ》氏・菊池氏・相良氏への対応方針について、具体的に述べている。当時の大友氏が抱えていた諸課題とそれらに対する認識を、よく示している。

このころ、大友氏は朽網《くたみ》親満《ちかみつ》（朽網繁貞の子）の反乱に直面していた。大友氏譜代の朽網親満は、加《か》判衆《はんしゅう》に列した重臣であったが、大友義鑑を廃して大聖院宗心（第二章3）を擁立しようと企てた。これには吉弘親就《よしひろちかなり》・小田原兵部《こだわらひょうぶ》・倉成縫殿允《くらなりぬいのじょう》・宇佐社永弘氏輔《うさしゃながひろうじすけ》など、多くの与同者がいた。しかし永正十三年八月に計画が発覚して、豊前《ぶぜん》国に逃れた（「永弘文書」）。朽網親満は永正十四年にも蜂起して敗走し、永正十五年には高崎城（大分市）に籠城して抵抗したが、永正十六年二月に落城して没落した。十五世紀末の大友政親・義右父子の対立や、大内義興と大友親治の対立以後も、大友氏分国内には新たな分裂を生む火種が伏在していたことがわかる。

菊池氏と大友氏

肥後国一宮阿蘇《いちのみやあそ》社《しゃ》（熊本県阿蘇市）の大宮司家阿蘇氏は、南北朝期以来二つの系統に分裂していたが、文明十七年（一四八五）に幕《まく》の平《たいら》の戦い（熊本県矢部町）において、相良氏の支援を受けた阿蘇惟忠《これただ》・惟憲《これのり》父子（矢部の惟村《これむら》系阿蘇氏）が、阿蘇惟歳《これとし》・惟家《これいえ》父子（阿蘇南郷の惟武《これたけ》系阿蘇氏）を破り、統一された。この時、肥後国守護菊池重朝《しげとも》は阿蘇惟歳・惟家方を支援して敗北したため、以後、守護菊池氏の勢威は肥後国北部にしかおよばなくなった。

十六世紀に入ると菊池氏当主の地位はますます不安定なものとなり、近隣の阿蘇氏や大友氏からの

27—菊池氏略系図

菊池為邦—重朝—能運＝政朝（政隆）—武経（阿蘇惟長）＝武包＝義武
　├為安—重安—政朝（政隆）
　└宇土為光

介入を受けて、混迷の度を深めた。菊池重朝の跡を嗣いだ菊池能運《よしゆき》（武運《たけゆき》）は、大叔父の宇土為光《うとためみつ》と対立し、文亀元年（一五〇一）に重臣の隈部《くまべ》氏の謀反により敗北して、本拠の隈府《わいふ》（熊本県菊池市）を追われた。これにより、宇土為光が菊池氏当主となった。菊池能運は、文亀三年に大友氏・阿蘇氏・相良氏などの支援を受けて宇土為光を敗死させ、再び当主の地位に復したが、その跡を嗣いだ菊池政朝《まさとも》（政隆《まさたか》）の支持基盤はいっそう弱体化した。やがて大友氏や菊池氏配下の諸領主に推戴された阿蘇惟長《これなが》（阿蘇惟憲の子）が、永正三年（一五〇六）に隈府に入部して菊池氏家督を継承し、菊池武経《たけつね》と名乗った。ただし菊池政朝による抵抗は、永正六年に政朝が自害するまで続いた。

ところが、永正八年になると菊池氏配下の諸領主や大友氏の支持を失った菊池武経が隈府を退去した。その後は、菊池氏庶流詫摩《たくま》氏出身の菊池武包《たけかね》が家督を継承したともいわれるが、菊池氏の混乱はとどまるところを知らず、具体的な経緯を示す史料も残されていない。永正十七年に大友義鑑の弟の菊池義武《よしたけ》（重治《しげはる》・義国《よしくに》・義宗《よしむね》）が入部すると、菊池武包は隈府から追放されたという。菊池義武は、隈《くま》本《もと》（熊本市）を本拠として肥後国守護の地位に就き、やがて鹿子木《かのこぎ》親員《ちかかず》・本郷《ほんごう》長賢《ながかた》・田島《たじま》重賢《しげかた》らを重臣とする体制を整えた。また、相良長唯《ながただ》（義滋《よししげ》）の娘を室に迎え、相良氏とも良好な関係を築いていった。菊池義武は、やがて大友義鑑と骨肉の争いを展開していくことになるが、それもまた大友氏内部に義鑑に従わない勢力が少なからず存在したことをうかがわせている。

阿蘇氏の分裂・抗争

十六世紀前半の阿蘇氏の動向は、阿蘇惟長（菊池武経）・惟前《これさき》父子と、阿蘇惟《これ》豊《とよ》（惟長の弟）を、中心的な対立軸として展開した。

文亀元年（一五〇三）閏六月に足利義稙から大内義興に従って忠節を尽くすよう求められた時の阿蘇社大宮司は、阿蘇惟長であった（「阿蘇家文書」二九二）。永正二年（一五〇五）、大友氏や菊池氏配下の諸領主に推戴された阿蘇惟長は、翌年に隈府へ入部して菊池武経と名乗り、菊池氏家督と肥後国守護職を継承すると、大宮司職は弟の阿蘇惟豊に譲った。しかし菊池武経（阿蘇惟長）はその地位を維持できず、大宮司復帰をはかって阿蘇惟豊と対立しはじめる。永正八年にいったん薩摩国へ敗走した阿蘇惟長は、永正十年に島津氏の支援を得て再び阿蘇惟豊を攻撃し、惟豊を日向国へ敗走させた。そして、嫡男の阿蘇惟前を大宮司職を嗣がせ、自らは後見役となった。

これに対して阿蘇惟豊は、永正十四年、菊池氏庶流の甲斐《かい》親宣《ちかのぶ》に擁されて反撃し、阿蘇惟長・惟前父子を破り、阿蘇大宮司の地位を奪回した。以後、十六世紀前半の阿蘇氏は、甲斐親宣を重臣とする阿蘇惟豊が、本拠地の矢部《やべ》（熊本県山都町）を中心に益城《ましき》郡・阿蘇郡域において優位な立場を占めた。大永三年（一五二三）、阿蘇惟長・惟前父子は相良氏の支援を受けて、益城郡の堅志田《かたしだ》城（熊本県美里町）を攻略し、益城郡西部の中山・甲佐《こうさ》・砥用《ともち》を支配下に治めた。このため、一五三〇年代に至るまで両勢力併存する形勢が続いた。

相良氏の基盤と内部抗争

肥後国南部の相良氏は、国を越えた周辺諸勢力との関係性のなかで、独自な立場を維持しながら室町・戦国時代を生き抜いていった。文明十六年（一四八四）に相良為続が名和《なわ》顕忠《あきただ》から八代《やつしろ》（熊本県八代市）を獲得したことも、島津薩州家・豊州家をはじめ薩摩国祁答院氏・大隅国菱刈氏・日向国北原氏など同盟諸勢力の支援によるものである。そして、応仁・文明の乱を契機として大内氏との結びつきが強められていったことも、相良氏にとって大きな意味を持った。足利義稙の山口下向時に、大内義興が相良氏に協力を要請したことは、すでにふれたとおりである。

明応七年（一四九八）、相良為続は宇土為光に荷担し、翌年に菊池能運（武運）の攻撃を受けて豊福《とよふく》（熊本県宇城《うき》市）と八代を失った。しかし文亀元年（一五〇一）には、名和顕忠が宇土為光を支援して菊池能運を敗走させた。反撃に転じた菊池能運は、敵対関係にあった相良氏と結んで宇土為光を討つと、名和顕忠を攻撃し、相良長毎《ながつね》は永正元年（一五〇四）に八代を奪回した。豊福をめぐる名和氏・相良氏の抗争は、その後も長く続いた。

大永四年（一五二四）、相良長定《ながさだ》（長毎の従兄弟）が人吉《ひとよし》城を襲撃し、相良長毎の跡を嗣いでいた相良長祇《ながまさ》（長聖《ながのり》）を追放して家督を奪い取り、のちには長祇を自害させた。これに対して、大永六年に相良長隆《ながたか》（瑞堅《ずいけん》）が人吉城を奪回したが、同じく長毎の子息であった相良長唯《ながただ》（長為《ながため》・義滋《よししげ》）が長隆を追討し、最終的には長唯が相良氏家督の地位に就いた。この間の具体的な経緯は後世の記録（『歴代参考』）によるものではあるが、大永年間の相良氏がきわめて混乱した状況にあったことは、同時代史料である『八代日記』からもうかがい知ることができる。

相良為続・長毎の時代に制定された法度「両代之御《りょうだいのご》法式《ほうしき》」（『中世法制史料集 第三巻』）は、相良氏一族・家臣を含む三郡の有力者「老者」たちが主導した在地の自律的合議体が起草したものと推定されてきており、彼らによる「所衆談合」の規制を受けた当該期の相良氏当主の特徴を裏づけている（石井ほか編一九七二）。相良氏における混乱もたんなる家督の争奪ではなく、異なる家督候補者をそれぞれ支持した配下の諸勢力の分裂・抗争にほかならなかったと推察される。

28―相良氏略系図

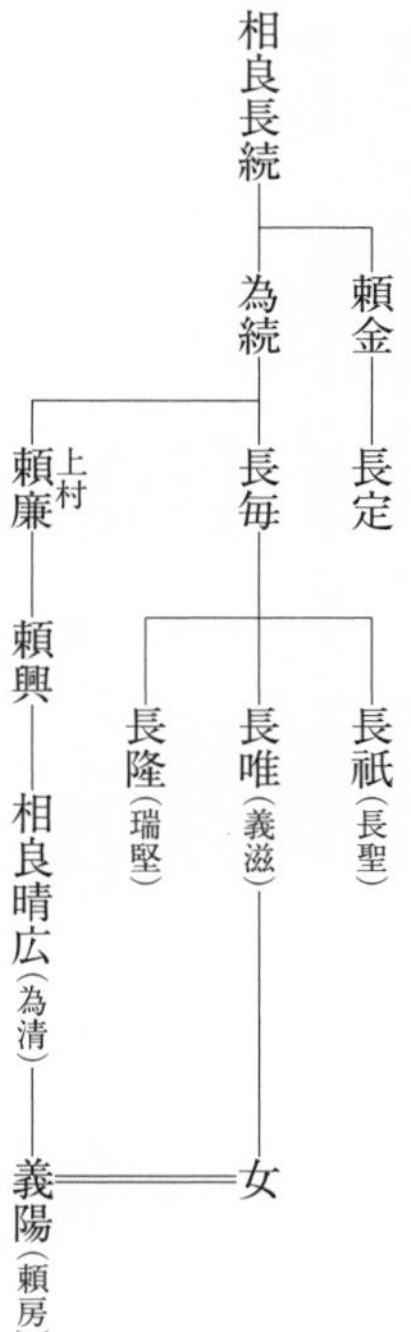

3　四国の情勢

細川氏分国支配の後退

十五世紀末における細川氏一門の守護分国は、畿内周辺を除く西日本において、備《びっ》中《ちゅう》・淡路《あわじ》・阿波《あわ》・讃岐《さぬき》・土佐《とさ》の各国におよんでいた。十六世紀前半に至るまで細川氏は畿内政治の主役に位置したので、これら諸国の政治過程は他地域とは異なる特徴的な経緯をたどった。とりわけ明応二年（一四九三）の明応の政変と、永正四年（一五〇七）の細川政元《ほそかわまさもと》暗殺の影響は、より直接的なものであったと考えられる。

阿波国では、細川氏一門の阿波細川氏が守護職を世襲し、十六世紀前半には細川之持《ゆきもち》とその子細川持隆《もちたか》が守護を務めた。之持の弟澄元《すみもと》が細川政元の養子となって細川惣領家（細川京兆家《けいちょうけ》）の家督継承者となったため、後見役の三好之長《みよしゆきなが》が台頭し、やがて阿波三好氏は四国東部から畿内全域にわたって大きな影響力を持つに至った（詳細は第4巻を参照）。

細川惣領家の守護分国であった讃岐国では、東部七郡を安富《やすとみ》氏、西部六郡を香川《かがわ》氏が、それぞれ守護代として管轄していた。特に讃岐国東部には自立的な領主が多く、安富氏による統制はもともと容易ではなかったが、明応四年三月には「讃岐国蜂起」が起こり（『大乗院寺社雑事記《だいじょういんじしゃぞうじき》』）、永正二年五月には両守護代以下の細川方が大敗を喫している（『後法興院記《ごほうこういんき》』）。明応の政変の影響が、想定される。後世の記録によれば、大永六年（一五二六）以降、三好氏は讃岐国東部における安富氏・十河《そごう》氏と寒川《かんがわ》氏・香西《こうざい》氏などとの対立に介入して侵攻を繰り返したという（『海南通記』）。

細川氏一門の淡路守護家が守護職を世襲していた淡路国においても、永正十六年に守護細川尚春《ひさはる》が三好之長に滅ぼされ、以後は三好氏が優勢となった。

細川惣領家が国衙領を支配し、一門の備中守護家や阿波細川氏・野州家《やしゅうけ》が守護を務めた備中国では、足利義稙・大内義興の上洛にともない、永正六年に足利氏家臣上野《うえの》氏が守護代として松山城（岡山県高梁市《たかはし》）に入り、天文二年（一五三三）には猿掛城《さるかけ》（岡山県倉敷市・矢掛町）の庄《しょう》氏がこれを奪い取り、その後は庄氏と成羽荘《なりわのしょう》（岡山県高梁市）の三村《みむら》氏が対立を繰り返した。また、細川惣領家が守護を世襲した土佐国でも、東部の諸領主を中心に争乱が続いた。いずれにせよ、細川氏自体の影響力は大きく後退していったのである。

土佐国の分裂・抗争

十六世紀初期の土佐国には、土佐一条《とさいちじょう》氏を別格としつつも、津野《つの》氏・吉良《きら》氏・本山《もとやま》氏・大平《おおひら》氏・安芸《あき》氏・香宗我部《こうそかべ》氏・山田《やまだ》氏・長宗我部《ちょうそかべ》氏をはじめとする諸領主が、併存・割拠していたと伝えられている（『長元記』）。そのような状況が生じた要因は、永正四年（一五〇六）の細川政元暗殺によって、土佐国守護家であった細川惣領家が分裂し、土佐国への影響力が大きく後退したことによると考えられる。

もっとも、十五世紀以前においても守護細川氏の支配は土佐国西部にはほとんどおよばなかったと考えられる。土佐一条氏はもとより、高岡《たかおか》郡の津野氏など自立性の高い領主が存在したからである。

前関白一条教房《さきのかんぱくいちじょうのりふさ》が、家領《けりょう》荘園土佐国幡多荘《はたのしょう》へ下向したのは、応仁・文明の乱が激しさを増していた応仁二年(一四六八)九月のことである。戦禍を逃れて都を離れた公家の一例であるともいえるが、教房の場合には、荘園経営の回復や、南海路を介した交易への関与など、積極的な意図があったと推測されている。幡多荘は、土佐国西端の幡多《はた》郡ほぼ全域と高岡郡の一部からなる広大な荘園であった。一条教房の子房家《ふさいえ》の生母は、土佐湾の要港清水《しみず》や三崎《みさき》を拠点とした加久見《かぐみ》氏出身であり、房家を初代とする土佐一条氏は、加久見氏・入野《いりの》氏ら幡多荘内諸領主の支持に依拠しながら、土佐国を代表する規模の実勢力へと成長し独自な位置を占めた。さらに、一条房家の子房通《ふさみち》が本家の京都一条氏を嗣いでいるように、京都とも緊密な関係を維持した(市村二〇〇九)。

また津野氏は、高岡郡を代表する有力領主であり、姫野々《ひめのの》城(高知県津野町)を本拠として、しばしば守護細川氏や土佐一条氏に敵対した。その本拠から新荘川を下ると土佐湾に面した要港須崎《すさき》があり、十六世紀初頭の津野氏は土佐国中部の内陸・沿岸の物流にも関わって、大きな影響力を持ったと考えられる。

いっぽう、高岡郡東端の蓮池《はすいけ》城(高知県土佐市)を本拠とする大平氏や、仁淀川《によどがわ》を挟んでその対岸に位置する吾川《あがわ》郡の吉良城(高知市春野町)を本拠とする吉良氏は、かつて守護代を務めた経緯を有する領主であり、土佐国府跡や守護所田村からも近い岡豊《おこう》城(高知県南国市)を本拠とする長岡《ながおか》郡の長宗我部氏は、土佐国臨済禅の中心拠点であった吸江庵《ぎゅうこうあん》（高知市の吸江寺）の寺奉行を務めており、いずれも守護細川氏の分国支配を支える存在であった。土佐国中央部（吾川郡・土佐郡・長岡郡）の山間地域を中心に基盤を展開した本山氏や、香美《かみ》郡の香宗《こうそう》城（高知県香南市）を本拠とする香宗我部氏、同郡山田《やまだ》城（高知県香美市）の山田氏、安芸《あき》郡の安芸氏など土佐国東部の諸領主も、細川氏に従っていた。細川惣領家の分裂は、そのような土佐国東部の情勢をも一変させたと考えられる。

大永元年（一五二一）ごろ、長宗我部兼序《かねつぐ》（元秀《もとひで》）が本山氏・吉良氏・大平氏らに岡豊城を攻略されて自害し、遺児の長宗我部国親《くにちか》は土佐一条氏（もしくは香美郡大忍荘《おおさとのしょう》）にかくまわれたのち、岡豊城に復帰したといわれる（平井二〇一六）。十六世紀前半の土佐国について確かな史料はほとんど残されていないが、とりわけ同国中東部を中心に抗争と混乱の時代を迎えたことは事実と考えられる。その意味では、細川高国《たかくに》が大永度遣明船派遣に際して土佐沿岸部を経由せざるをえなかったとはいえ、それすらも十全に安全な航路であったとは限らない。

伊予国の領有関係

十六世紀前半の伊予《いよ》国では、道後《どうご》湯築《ゆづき》城（愛媛県松山市）を本拠とする河野《こうの》氏が伊予国守護として同国中部・東部を管轄したが、宇都宮《うつのみや》氏・西園寺《さいおんじ》氏が治めていた同国南西部の喜多《きた》郡・宇和郡には介入が困難であっただけでなく、瀬戸内海の海賊衆《かいぞくしゅう》村上《むらかみ》氏一族（能島《のしま》・来島《くるしま》・因島《いんのしま》）や、道後平野南側の山方領主（森山・大野・土岐・和田・平岡・重見氏など）がしばしば自立的な動きを示したため、河野氏による支配は限定的で不安定なものであったといわなければ

29—道後湯築城跡

ならない。

鎌倉末期に伊予国守護を務めた由緒を持つ伊予宇都宮氏は、十六世紀前半には大洲《おおず》（愛媛県大洲市）を本拠として喜多郡一帯を治め、周防灘・豊後水道の海上勢力としての側面を併せ持っていた。同じ下野国宇都宮氏の支族としては、伊予国以外にも豊前国を本拠に大きな勢力を有した城井《きい》氏があり、伊予宇都宮氏とは周防灘・伊予灘を挟んで対岸に位置した（市村編二〇一三）。

宇和郡には鎌倉期以来、藤原北家《ふじわらほっけ》閑院流《かんいんりゅう》西園寺家の所領があり、南北朝期以降には一族が下向した。伊予西園寺氏一族は、松葉城（愛媛県西予市宇和町）を本拠とする松葉西園寺氏が、同族内の主導権争いを制して伊予国南部一帯に勢威をおよぼした。十六世紀中葉には宇和川の対岸の黒瀬城（同上）に本拠を移して、「黒瀬殿」とも称された。

瀬戸内海西部を中心に海上交通にも大きな影響力を持ち、鎌倉期以来の伊予国守護家であった河野氏は、十五世紀前半以来、本宗家《ほんそうけ》と有力庶子家の予州家《よしゅうけ》との対立が続いていた。河野氏の基盤は周防灘・伊予灘を挟んで大内氏分国と近接する場所に位置していたし、南北朝期以来、伊予国東部二郡

（宇摩《うま》郡・新居《にい》郡）は細川氏一族が分郡支配していたこととも関連して、河野氏両家の対立は、室町期の大内氏と細川氏のそれぞれに支援されて構造化し、容易には帰趨を決することができなかった。明応九年（一五〇〇）正月、本宗家の河野教通《のりみち》が伊予国道後の湯築城において死去し、その子の河野通《みち》宣《のぶ》（のちの刑部大輔《ぎょうぶだゆう》通宣《みちのぶ》）が家督を継承したが、予州家の河野通篤《みちあつ》はそれに対抗して寺領安堵や所領給付を行っている。

伊予河野氏と大内氏

しかし、十六世紀前半になると、両家間の対立よりも、河野氏分国内諸領主の自立的動向が目立つようになる。予州家については、永正四年（一五〇七）に再燃した交戦により予州家通篤が本宗家通宣に圧倒され（景浦一九六七）、永正十六年に本宗家家督を継承した河野通直《みちなお》（のちの弾正少弼《だんじょうしょうひつ》通直《みちなお》）のころに、衰退もしくは本宗家へ包摂されたともいわれている（山内治朋編二〇一五）。そして、大永三年（一五二三）七月には、伊予国府中の鷹取山城（愛媛県今治市）の正岡紀伊守《まさおかきいのかみ》が反乱を起こし、享禄三年（一五三〇）三月には石井山城（同上）の重見《しげみ》通種《みちたね》が反乱を起こしたように、領主層の自立性が少しずつ顕在化していく。重見氏は、周防国に敗走して大

30—伊予河野氏略系図

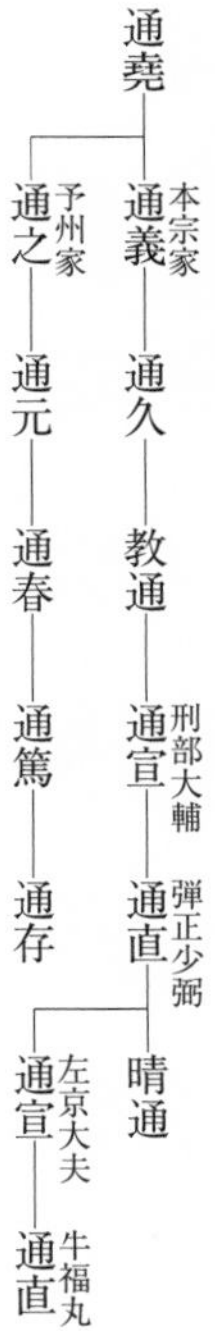

内氏のもとに身を寄せた。

大内氏と河野氏本宗家の関係は、応仁・文明の乱において河野教通が東軍方に転じて以来、基本的には同じ陣営に属していないと考えられる。『予陽河野家譜』には、永正五年に河野通宣が大内義興に従って上洛し戦功をたてたと記しているが、確実な史料によって裏づけることが難しい。享禄三年に反乱を起こして敗走した重見氏を大内氏がかくまったことは、大内氏と河野氏の関係を暗示している。そして、大内氏が大友氏と戦争状態に入った天文元年（一五三二）、河野通直は宇都宮氏・能島村上氏らとともに、大友氏による大内氏包囲網に参画している（「熊谷家文書」一一八）。天文四年の湯築城大改修（「湯付堀《ゆづきぼり》」築造）も、北部九州における戦争を優位に進めていた大内氏に対する、対抗策であったとみられている（川岡二〇〇六）。

4　山名氏・赤松氏分国の混乱

山名氏一族の守護分国

南北朝期に十一か国の守護職を得て「六分一殿」と称されたともいわれる山名《やまな》氏一族は、十四世紀末の明徳《めいとく》の乱《らん》によって大きな打撃を受けたが、嘉吉元年（一四四一）の嘉吉《かきつ》の乱《らん》によって赤松氏分国を獲得して再び強大化し、惣領家の山名持豊《もちとよ》（宗全《そうぜん》）は応仁・文明の乱（一四六七〜七七）において西軍方の総帥となるに至っている。しかし十六世紀前半以降の山名氏一族は、分国内の分裂・抗争や、尼子氏の拡大などにより、次第に勢力を後退させていった（岡村二〇〇三・二〇一〇）。

但馬《たじま》・因幡《いなば》・伯耆《ほうき》・備後《びんご》の四か国は、十五～十六世紀前半を通して山名氏一族が守護職を有した。このうち但馬国は、山名惣領家（但馬山名氏）が一貫して守護の地位にあり、此隅山《このすみやま》城（豊岡市出石町）を本拠とした。この間、備後国守護職も大半の時期を山名惣領家が兼帯した。因幡国は山名惣領家と結びつきの強い一族が守護に任じられた。また山名氏一族が最も早くから守護職を有した伯耆国は、伯耆山名氏（山名師義《もろよし》の直系）が代々世襲した。

山名氏分国の分裂・抗争

惣領家の山名持豊と伯耆国守護家の山名教之《のりゆき》が相前後して死去した文明五年（一四七三）以降、伯耆山名氏は分裂し、伯耆国は内部抗争が繰り返される時代に入っていった。有力国人の南条《なんじょう》氏や播磨《はりま》国守護の赤松政則《あかまつまさのり》らが支援した山名元之《もとゆき》（教之の子息）が伯耆国守護の地位を掌握すると、有力国人の小鴨《おがも》氏や山名惣領家の山名政豊《まさとよ》・垣屋《かきや》氏らが支援した山名政之《まさゆき》（教之の嫡孫）がこれに対抗し、やがて守護の地位を奪回した。次いで、山名尚之《ひさゆき》（政之の弟）が、守護の地位を引き継いだ。しかし、分裂・抗争はその後も繰り返されていった。

山名氏分国における分裂・抗争は、明応二年（一四九三）四月の明応の政変を契機としてさらに拡大していった。

同年七月、山名政豊に対して、山名俊豊《としとよ》（政豊の子息）が但馬塩冶《えんや》氏や村上氏らを率いて反旗をひるがえし、政豊の居所であった但馬国九日市城《ここのかいち》（兵庫県豊岡市）を攻撃した。これと連動するかのように、伯耆国においても戦乱が起こり、山名伊豆守《いずのかみ》が討死した。政豊の反撃を受けて山名俊豊は敗走したが、垣屋続成《つぐなり》にかくまわれ、以後、但馬・備後両国において、政豊・俊豊父子のそれぞれに属する勢力によって国内を二分する抗争が繰り広げられていった。

但馬国では、「山名四天王《やまなしてんのう》」と称される垣屋氏・大田垣《おおたがき》氏・八木《やぎ》氏・田結庄《たいのしょう》氏が有力国人として大きな影響力を有していた。山名俊豊が但馬国内において抗争を継続できた基盤としては、日本海水運に深く関わる海辺領主たち（塩冶氏・村上氏）と強く結びついていたこと、段銭知行権《たんせんちぎょうけん》などを見返りとして垣屋氏・大田垣氏を味方につけていたことが、大きな役割を果たしたものと思われる（宿南二〇〇二）。

明応四年、垣屋続成は山名政豊と和睦するが、永正元年（一五〇四）には政豊から守護の地位を嗣いでいた山名致豊《むねとよ》（俊豊の弟）と再び対立し、此隅山城を攻撃した。永正八年には、「山名四天王」が山名致豊から離反し、山名誠豊《のぶとよ》（致豊の弟）を擁立した。

山名誠豊と山名氏分国

備後国では、山名政豊方に味方した江田《えだ》氏・和智《わち》氏など広沢衆《ひろさわしゅう》を中心とする勢力に対し、山名俊豊方にくみした山内《やまのうち》氏・安芸《あき》国毛利《もうり》氏らが対立した。この対立の構図は山名致豊の時代にも引き継がれ、山内氏らは致豊の下知に従わない動きを示した（柴原一九九六）。また備後国衆は永正四年（一五〇七）、上洛途上の足利義稙への馳走《ちそう》について、山名致豊からの命令に応じているが、それを契機に周防国大内氏の影響力が強まっていく。そのことが重要な背景であると推測されるが、山名誠豊の時代に入ると、備後国守護としての山名氏の影響力はさらに後退していく。永正十五年、御調《みつぎ》郡の木梨《きなし》氏をはじめとする諸勢力に、渋川氏・高須氏・渡辺氏・和智氏・三吉《みよし》氏・小早川《こばやかわ》氏・毛利氏などが連携して対抗した、備後国全域におよぶ大規模な抗争（『閥閲《ばつえつ》録《ろく》』巻六七 高須惣左衛門）においても、領主間の地縁的なつながりを駆使した自立的な解決がめざされていて、そこには守護山名氏の影が見受けられない。

山名惣領家を嗣いだ誠豊は、隣国因幡国に介入し、永正九年に因幡国守護の山名豊重《とよしげ》を討ち、山名豊頼《とよより》（豊重の弟）を新しい守護とした。山名豊治《とよはる》（豊重の子息）は、これに対抗して豊頼を守護所天神山《てんじんやま》城（鳥取市湖山町）に追い詰め、やがて守護の地位を奪い返した。豊頼の子息山名誠通《のぶみち》（久通《ひさみち》）は、のちに因幡国守護の地位に就いたが、やがて出雲《いずも》国尼子《あまご》氏との結びつきを重視していくこととなる。

伯耆国では、守護山名尚之に対抗する山名澄之《すみゆき》が現れ、一五三〇年代に入るころまで、争乱が繰返された。永正三年における、「国忩劇《そうげき》」によって伯耆国山田別宮（鳥取県北栄町）の支配が有名無実化しているという石清水八幡宮の主張は、当時の混乱した軍事情勢を反映した記述であると思われる（「石清水菊大路家文書」）。一五一〇年代以降、山名澄之は、隣国の尼子経久《つねひさ》からの援軍を得て戦い続けていたことがうかがわれ（「日御碕《ひのみさき》神社文書」）、十五世紀以来の混乱は長期にわたって継続していたことが知られる。

大永二年七月、山名誠豊が播磨国侵攻のため山名澄之へ出陣を命じ、澄之が尼子経久にも伝えたところ同心を得たことがわかり、澄之は備後国杉原氏にも出陣準備を指示している（『閥閲録』巻六十七高須惣左衛門）。このような動員のかけ方は、守護管国を越えた山名氏一族の連携を示すものであり、また出雲国尼子氏との良好な関係を示しているが、備後国への動員が容易ではなかったこともうかがわせている。

その山名誠豊も、大永六年には尼子氏と決裂して対立関係に入った。そののち山名惣領家は、誠豊によって守護の地位を追われた山名致豊の子息、山名祐豊《すけとよ》（韶熙《つぐひろ》・宗詮《そうせん》）が継承し、大内氏とともに尼子氏包囲網を形成していくことになる。しかし、備後国を筆頭に、それぞれの守護分国内において、山名氏一族の影響力は大きく後退していったのである。

赤松氏の分国支配

嘉吉の乱によって守護分国を失った赤松氏は、応仁・文明の乱において、幼少の赤松政則を擁した浦上則宗《うらがみのりむね》・龍野《たつの》赤松政秀《あかまつまさひで》らが中心となって播磨・備前《びぜん》・美作《みまさか》三か国守護職を奪還し、復活を遂げた。文明十五年（一四八三）～長享二年（一四八八）には、山名政豊が播磨国に侵攻したため、激しい戦乱に巻き込まれたが、これも最終的には撃退することができた。このことが、明応二年（一四九三）に山名政豊・俊豊父子が対立して山名氏分国内に抗争を生み出すきっかけにもなったと考えられる。しかし、十六世紀の赤松氏分国においても、守護支配はさまざまな困難に直面していった（野田二〇〇一、小林基伸二〇〇四、渡邊二〇一〇）。

明応五年に守護赤松政則が没すると、赤松七条家出身の赤松義村《よしむら》が家督・守護の地位を継承した。しかし、浦上氏・別所《べっしょ》氏・龍野赤松氏・小寺《こでら》氏など有力な一門・被官の支持に大きく依存する体制は、政則の時代よりもさらに進行し、明応八年には守護職をめぐり分国を三分する争いに発展している。浦上則宗は、別所氏・龍野赤松氏のような播磨半国の守護代となりうる赤松氏一門ではなかったが、独自な判断で文書を発給するなど、赤松氏分国支配において優位な主導権を掌握していたとみられる。則宗が文亀二年（一五〇二）に没すると、赤松政則後室の洞松院《とうしょういん》が赤松氏を主導した。

永正十二年（一五一五）、ようやく主導権を得た赤松義村は、訴訟制度などを整える法度を制定し、奉書《ほうしょ》を発給する奉行人を定めるなど、支配体制の整備を試みた。しかし、やがて浦上村宗《むらむね》との対立が表面化した。浦上氏もまた分裂して浦上宗久《むねひさ》が兄浦上村宗と対立し、宗久が敗退した。赤松義村は、永正十七年、浦上村宗方にくみした岩屋《いわや》城（岡山県津山市）の美作国守護代中村《なかむら》氏を攻撃したが大敗を喫し、大永元年（一五二一）、播磨国室津《むろつ》（兵庫県たつの市）において村宗に殺害された。

浦上村宗は、赤松政村（義村の子息）を擁して、室津や備前国三石《みついし》城（岡山県備前市）に拠った。しかし、大永二年には赤松義村旧臣（小寺村職《むらもと》・浦上村国《むらくに》ら「播州牢人《ばんしゅうろうにん》」）が蜂起し、さらにその間隙をついて山名誠豊が播磨国に侵攻したので、赤松氏分国は再び大規模な戦乱に巻き込まれることとなった。

大永七年に将軍足利義晴《あしかがよしはる》とともに都を追われた細川高国は、享禄三年（一五三〇）に浦上村宗の合力を得て備前国から摂津《せっつ》国へ侵攻し、和泉国堺を本拠に足利義維《よしつな》を擁する細川晴元《はるもと》・三好元長《みよしもとなが》方と対峙し、畿内各所で交戦を繰り広げた。享禄四年六月、細川高国は、摂津国の神呪寺《かんのうじ》（兵庫県西宮市）に布陣して三好元長の軍勢を迎え撃った。しかし、援軍として駆けつけたはずの赤松政村が細川晴元方へ転じたために一挙に戦況が決し、「大物崩れ《だいもつくず》」と称される大敗を喫した。浦上村宗は討死し、細川高国は自害に追い込まれた。浦上村宗の重臣であった宇喜多能家《うきたよしいえ》は、備前国砥石城《といし》（岡山県瀬戸内市邑久町）を本拠としていたが、天文三年（一五三四）に所領の隣接する島村《しまむら》氏によって討たれ、宇喜多興家《おきいえ》（能家の子）は幼少の子息八郎（のちの宇喜多直家《なおいえ》）を連れて流浪したと伝えられている（『備前軍記』ほか）。

このようにして、赤松氏分国の分裂・抗争は収まることがなく、求心力のある主導権を確保することはますます困難な状況となっていった。たとえば播磨国では、別所氏・明石《あかし》氏・浦上氏・小寺氏・龍野赤松氏・宇野《うの》氏・上月《こうづき》氏・在田《ありた》氏・依藤《よりふじ》氏など各地に根を下ろした有力な領主たちが、以前にも増して自立性を高めていき、全体を統率することは至難の業であったと思われる。後述するように、出雲国尼子氏が播磨国へ侵攻するのは、まさにこのような状況の時期にあたっている。

有力守護家の後退

山名氏も赤松氏も、在京を原則とする有力守護家であったが、十五世紀後半以降は在国を基本とするようになっていく。ただしその分国は京都から近く、足利将軍家や細川京兆家の分裂・抗争の影響を色濃く受けた。山名政豊・俊豊父子の対立も明応の政変と連動するものであった可能性が高いこと、細川高国が擁立した足利義晴（足利義澄《よしずみ》の遺児）は赤松義村のもとで養育された人物であったこと、浦上村宗が細川高国とともに滅亡したことなどは、いずれもそのことをよく示している。

十六世紀前半の分裂的状況のなかで、有力守護家が軒並み勢力を後退させていったことは、細川氏・山名氏・赤松氏の分国に共通する特徴であったと思われる。

5 大内氏と武田氏の抗争

安芸武田氏の自立

鎌倉期安芸国守護の武田氏は、安芸国佐東《さとう》郡金山《かなやま》城（広島市安佐南区、銀山城）を本拠とし、室町期には佐東郡・山県《やまがた》郡・安北《あんほく》郡・安南《あなん》郡など安芸国西部を分郡支配した。ところが、永享十二年（一四四〇）、将軍足利義教《よしのり》の命によって武田《たけだ》信栄《のぶひで》が若狭《わかさ》国守護職を

31—武田氏略系図

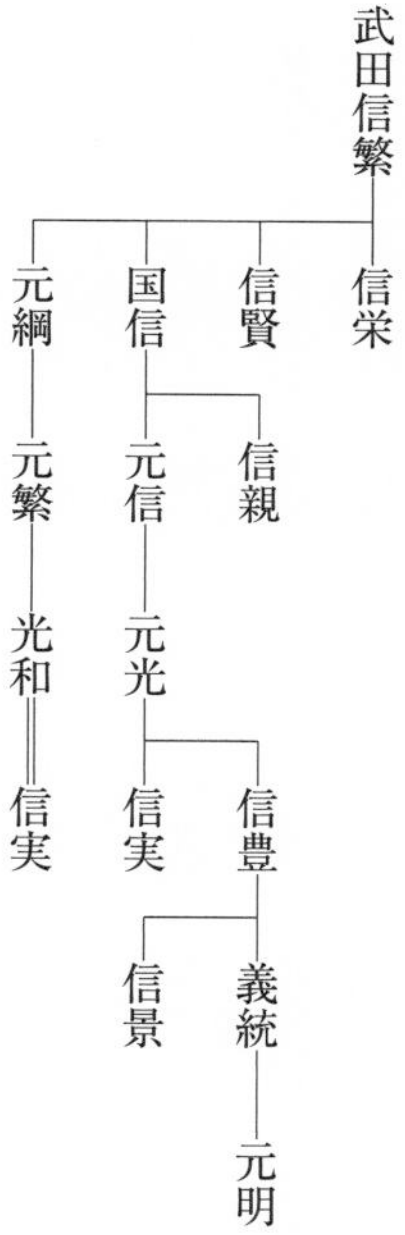

獲得すると、やがて若狭国小浜《おばま》（福井県小浜市）を本拠とするようになり、安芸国には、父の武田信繁《のぶしげ》と弟の武田元綱《もとつな》が名代のような立場で在国した。

武田氏は細川京兆家との結びつきを背景として、大内氏とは宿敵の間柄にあり、十五世紀中期にはたびたび安芸国において干戈《かんか》を交えた。しかも、応仁・文明の乱の最中に安芸国の武田元綱が西軍方に転じて大内氏と同陣営に入ったので、武田氏自体が分裂して敵味方に分かれることとなった。ただし、文明十三年（一四八一）には、当主の武田国信《くにのぶ》と安芸在国の武田元綱が和解し、武田国信と大内政弘の対立関係もいったんは解消されたとみられる。

明応二年（一四九三）の明応の政変は、そのような武田氏と大内氏の関係を大きく変化させた。武田元信が、遅くとも翌明応三年には足利義澄・細川政元方にくみする立場を明らかにし、再び大内氏と対立しはじめたからである。明応年間後半には、北部九州における戦争の間隙を縫うように、大内勢が安芸国へも侵攻しているが、武田方の伴《とも》氏・白井《しらい》氏に撃退されている。いっぽうの武田氏も、明応八年に温科国親《ぬくしなくにちか》の謀反に直面し、鎮圧こそしたものの、内部に分裂の火種を抱えていたことがわかる。

そのこととの関連性は明らかではないが、やがて安芸在国の武田元繁《もとしげ》（元綱の子）は大内方に転じ、足利義稙・大内義興の命に従って上洛した。このような武田元繁の動向は、武田氏が再び分裂したことを意味しているが、若狭武田氏に対する安芸武田氏の自立性がいっそう高められた点は、十六世紀の特徴として重要と思われる。

安芸武田氏と大内氏の抗争

永正十二年（一五一五）に安芸へ帰国した武田元繁は、ほどなくして反大内方へ転じた（「房顕覚書」、「毛利家文書」二五一）。以後、若狭武田氏と安芸武田氏は協調的な関係に復し、ともに大内氏と敵対した。

武田元繁の離反に対抗するため、大内義興は、毛利《もうり》興元《おきもと》に命じて武田方の山県郡有田《ありた》城（広島県北広島町）を陥落させた。武田元繁は、有田城の奪回をめざして山県郡へ進攻し、永正十四年十月二十二日、激戦のなかで討死してしまう（有田《ありた》合戦《かっせん》）。その後、安芸武田氏の家督を嗣いだ武田光和《みつかず》は若年であったので、しばらくの間は若狭の武田元光《もとみつ》が後見役的な役割を果たしたと考えられている（河村二〇一〇）。

大永二年（一五二二）三月、大内義興は武田氏を攻略するため、陶興房《すえおきふさ》が指揮する大軍を安芸国へ出陣させた。戦闘は安芸府中《ふちゅう》・仁保島《にほじま》など広島湾頭周辺から金山城周辺にかけて繰り広げられたが、戦況は武田方が優勢であった。さらに大永三年四月には、厳島神領衆《いつくしましんりょうしゅう》を味方に付けた友田《ともだ》興藤《おきふじ》が武田方として挙兵し、当時断絶していた厳島神主を自称して佐《さ》西《さい》郡桜尾《さくらお》城（広島県廿日市《はつかいち》市）を奪取した。

折りしも海を隔てた中国大陸では、大内氏派遣の遣明船使節の暴発によって寧波《ニンポー》の乱《らん》が勃発し、大内氏は苦しい立場に立たされていく。出雲国の尼子経久率いる軍勢が、突如として安芸国東西条《とうさいじょう》鏡《かがみ》山《やま》城（広島県東広島市）を襲撃した大永三年七月は、そのような時期にあたっている。

32—鏡 山 城 跡

鏡山合戦

安芸国東西条《とうさいじょう》（広島県東広島市）は、大内氏分国の東側の最前線にあたり、海陸の要衝として、また大内方諸領主の統制の拠点として、とりわけ重要な戦略的位置を占めていた。鏡山城はその中央部に位置し、大内氏東西条代官《だいかん》の本拠であった。

出雲国尼子経久に率いられた軍勢は、大永三年（一五二三）に石見国を経て安芸国北部の北《きた》・生田《いけだ》（広島県安芸高田市）に着陣し、毛利氏を先駆けとして南下すると、同年七月前半までに鏡山城を攻略して東西条を制圧し、安芸国・備後国の多数の領主が尼子方にくみした（「毛利家文書」二三九、「平賀家文書」六一・二四三）。さらに尼子経久は、同年七月後半から矛先を転じて石見国西部にまで侵攻し、翌八月には石見国那賀《なか》郡などを制圧している。尼子経久の動き方はきわめて迅速であり、また周囲の予想を越える大胆なものであったと考えられる。

当時の戦況からもうかがえるように、安芸武田氏と尼子氏は同盟関係にあり、尼子経久による鏡山城攻略は武田氏への支援を意図したものでもあったと思われる。しかし、困難な状況にあった大内氏の虚をつく巧みな戦略と、鏡山城落城という結果は、大内氏の対抗勢力としての尼子氏の存在感を強く周囲に印象づけ、大内氏および大内方諸勢力の受けた衝撃は大変大きかったと推定される。そしてそのこと自体が、鏡山城襲撃の目的でもあったと推測される。

大内氏・山名氏・大友氏の結束

大永四年（一五二四）、大内義興・義隆父子は自ら安芸国へ出陣し、厳島に本陣を置いて本格的な反撃を開始した。そして大永五年には、大野瀬戸を見下ろす佐西郡門山城《かどやま》（広島県廿日市市）に本陣を移し、東西条や備後国内の尼子方を駆逐すると、毛利氏・天野《あまの》氏・野間《のま》氏など多くの領主が相次いで大内氏へ帰順した。

さらに、同じ大永五年の末からは大友義鑑の派遣した大内氏への援軍が安芸武田氏との戦争に参陣しただけでなく、翌大永六年には但馬国・備後国守護の山名誠豊が尼子氏への敵対を表明した。大永七年には、金山城、熊野《くまの》城（広島県熊野町）、鳥籠山《とこのやま》城（広島市安芸区中野町）、国府城（広島県府中町）、久村城（広島市安佐北区）、仁保島、日地島《ひじしま》など、安芸国南西部の広い範囲で戦闘が繰り広げられ、武田氏は次第に追い詰められていった。

大永七年、尼子経久は自ら備後国北部の和智《わち》（広島県三次市）に出陣して甲山《こうやま》城（広島県庄原市）の山内直通を攻撃した。しかし、陶興房・毛利元就《もうりもとなり》など大内氏が派遣した援軍との戦い（細沢山合戦・三吉表合戦など）に苦戦し、大内方・尼子方にそれぞれ従っていた備後国の諸領主も、山名誠豊の要請により和談して結束したため、やがて尼子経久は出雲国へ撤退した。この時期の尼子氏は安芸・備後両国に足を踏み入れることすらままならず、大内氏が安芸国から立ち去った後の享禄二年（一五二九）に、備後国北端に位置した多賀山《たかのやま》氏の本拠蔀山城《しとみやまじょう》（広島県庄原市）を落城させたこと以外には、目立った戦果をあげられなかった。また同じころ、芸石国境地域の有力領主であった高橋興光《たかはしおきみつ》が尼子方に転じたが、これも毛利氏や和智《わち》氏によって攻め滅ぼされた。

以上のように、大永六年から享禄二年ごろの中国地方は、大内氏が、山名惣領家と結びつき、さらには大友氏の協力も取り付け、いわば伝統的な守護家の結束により、新興勢力の安芸武田氏や尼子氏を追い詰めていく形勢となった。ちょうどそのような情勢のなかで、大永七年に大内氏管轄下の石見国邇摩《にま》郡において銀山《ぎんざん》（佐摩《さま》銀山、いわゆる石見《いわみ》銀山）が発見され、また大永八年七月には大内義興が門山城において病に倒れ、同じ年の暮れ、享禄元年十二月二十日に山口において没したのである。

6　塩冶氏反乱と出雲・備後の諸勢力

尼子経久と守護京極氏

佐々木京極《ささききょうごく》氏一族の出雲国尼子氏は、十五世紀以来の出雲国守護京極氏の守護代であり、月山富田城《がっさんとだじょう》（島根県安来市）を本拠として次第に勢力を拡大し、自立化を遂げていった。

永正五年（一五〇八）六月、尼子経久は足利義稙から上洛を促す御内書《ごないしょ》を遣わされたが、それは守護京極政経《まさつね》に宛てて発給されたものと同文であった（「到津《いとうづ》文書」）。足利義稙・大内義興が、尼子経久を守護と並び立つ存在の一人と認識し、協力に期待を寄せていたことがわかる。しかも尼子経久は、同年九月に在陣中の出雲国大原《おおはら》郡高麻《たかさ》城（島根県雲南市）において、守護京極氏の判断を経ないまま出雲国一宮杵築大社《いちのみやきづきたいしゃ》（出雲大社、島根県出雲市）の造営を立願しており、上洛もしていないことがわかる（「千家《せんげ》家文書」）。さらに経久は、同年十月に守護京極政経が孫の京極吉童子《きちどうじ》に家督を譲って死去した際、多賀伊豆守《たがいずのかみ》とともに吉童子の後見を託された（「佐々木文書」）。

当時の尼子経久の地位は出雲国守護代のままであるし、その後も経久が幕府から正式に守護の地位を公認されることはなかった。しかしすでに十六世紀初頭から、出雲国の実質的な統治者として権限拡大と権能強化を積極的にはかっていたことは事実と思われる。

尼子経久の諸政策

たとえば、永正五年（一五〇八）からはじまった尼子経久による杵築大社造営事業では、永正十六年に遷宮成就した本殿の側近くに、鐘《しょう》楼《ろう》・三重塔《さんじゅうのとう》・大日堂《だいにちどう》などそれまで存在しなかった仏教施設が次々と建てられた。また尼子経久は、杵築大社の別当寺とし

33—月山富田城跡から日本海・美保関を望む

て出雲国を代表する天台宗寺院であった鰐淵寺《がくえんじ》（島根県出雲市）に対して、永正六年に前例のない掟書《おきてがき》を遣わして内部に介入するとともに、永正十五年には惣山を主導する評定衆《ひょうじょうしゅう》を新設している（「鰐淵寺文書」）。大永二年（一五二二）から三度にわたって尼子経久が興行した三万部法華経読誦会《さんまんぶほけきょうどくじゅえ》は、杵築大社門前に出雲国中の密教僧・禅僧を一堂に集めた前例のない規模の法会であった。そうした政策は、尼子氏が従来とは大きく異なる新たな支配者であることを広く喧伝《けんでん》する政治的な演出であるとともに、地域社会の存立と不可分であった地方寺社の位置づけを大きく改変していこうとするものであった。

さらに、この時期の尼子経久は、日本海水運の要衝であった美保関《みほのせき》（島根県松江市）を直轄支配して、島根半島の内水面と周辺海域の諸勢力を把握していくとともに、塩冶郷《えんやごう》（島根県出雲市）を本拠とする室町幕府奉公衆《ほうこうしゅう》塩冶氏の家督を三男の興久《おきひさ》が嗣いだことにより、出雲平野周辺や斐伊《ひい》川《かわ》・神戸《かんど》川《がわ》水系の諸勢力にも影響力をおよぼしはじめた。

尼子経久は、一五一〇年代に入ると、伯耆国・備中国・備後国・石見国など近隣諸国の内部紛争に介入していった。伯耆国では伯耆山名氏の分裂・抗争に介入し、山名澄之を強力に支援した（第三章4）。また、備中国では新見《にいみ》国経《くにつね》と連携し（「東寺百合《とうじひゃくごう》文書」）、石見国では永正十四年に大内義興の石見国守護補任《ぶにん》に反対し、前任の石見国守護代に合力する動きを見せた（「益田家文書」二七五）。尼子氏の大内氏に対する敵対姿勢は、この石見国守護職をめぐる対立から史料上にも現れてくるようになる。

いずれにせよ、大内義興の十年におよぶ在京は、尼子経久の出雲国内における基盤の拡大と周辺諸国への介入を促す契機となった。鏡山城を攻略した尼子経久は、大永三年から四年ごろにかけて石見国東部・伯耆国西部・安芸国・備後国の多くの領主を味方に引き入れ、勢力範囲を一挙に拡大した。しかし、既存の秩序を大きく改変するような政策が、軋轢《あつれき》を生まないはずはなかった。当時の尼子氏に数か国を統制できるような実力はなく、大内氏の反撃によってまもなく急速に勢力範囲を縮小しただけでなく、やがて尼子氏自体の存立を脅かす深刻な対立・抗争を引き起こしていくことになるのである。

塩冶氏の反乱

享禄三年（一五三〇）三月、塩冶興久（経久の三男）が、父の尼子経久に対する反乱を起こした。

後世の記録によれば、塩冶氏所領の加増を尼子経久が認めなかったことによる不満が原因であると記されている（『陰徳太平記』）が、仮にそれが事実であったとしても、こうした問題をたんに父子の確執ととらえることは一面的である。十五世紀の塩冶氏は、守護からも自立的な幕府奉公衆であった。塩冶氏内部の諸勢力からの支持がなければ、尼子氏から入嗣した若年の塩冶興久がその地位を維持することは困難であったと推測される。

塩冶氏反乱において最も注目されるのは、杵築大社・鰐淵寺・多賀《たが》氏・三沢《みざわ》氏・山内氏など出雲国・備後国を代表する有力な地域勢力が、こぞって塩冶氏に荷担したことである。京極氏重臣同族の出雲多賀氏は、飯石《いいし》郡・楯縫《たてぬい》郡・島根《しまね》郡など各所の要地に所領を有し、尼子経久とともに京極吉童子の後見役となったように、出雲国支配を担う正当性において尼子氏に引けを取らない存在でもあった。三沢氏は、豊富な鉄資源に恵まれた山間地域の仁多《にた》郡を中心とする出雲国最大の領主であったが、永正十一年（一五一四）に尼子経久と戦っているように、尼子氏による統制のおよびにくい存在であった。さらに、塩冶氏との婚姻関係を理由に参戦した山内氏も、山間部の恵蘇《えそ》郡を中心とする備後国最大の領主であり、大永七年（一五二七）に尼子経久と戦ったことはすでに述べたとおりである。

したがって塩冶氏反乱とは、たんなる父子の確執ではなく、尼子経久による諸政策が生み出した軋轢が矛盾となって表面化し、地域の有力寺社・有力領主が塩冶氏一族・家臣たちと結束して尼子経久の打倒をめざした大規模な戦争であった。享禄三年五月の段階において、どちらが勝ってもおかしくない相拮抗した戦況となったのは、そのためである。一五二〇年代の尼子経久は、大永三年の鏡山合戦によって存在感を誇示はしたものの、本国の出雲国内諸勢力さえも十分統制しえていなかったのであり、およそ大内氏に対抗しうる勢力としての内実を備えてはいなかったと考えられる。塩冶氏反乱とは、そのことを端なくも露呈したできごとであったといえる。分裂・抗争の危機は、十六世紀初期の尼子氏においても、伏流のように根深く醸成されていったものとみられる。

ところで、この出雲国・備後国の混乱に対して、大内氏は当初いずれかを支援した形跡がみられない。尼子氏と塩冶氏の戦争は、もともと大内氏がどちらか一方に荷担して生じたものではないのである。十六世紀前半における対立軸の拡散は、この地域においても同様であったとみられる。

さらに注目されるのは、やがて大内義隆が尼子経久への支援を表明したことであり、経久は、大内氏の指示を受けた毛利元就の支援によって、ようやく塩冶氏を討滅することができたという事実である。大内氏と尼子氏の抗争は、十六世紀前半の基本的な対立軸の一つであると考えられるが、この時期の両者の関係はそれとはまったく異なっている。

分裂と混迷の時代

以上、本章では十六世紀第一四半期を中心として、西日本の政治情勢を俯瞰してきた。もとより、すべての地域を取り上げたわけではなく、代表的な領主層の動向を例示して政治情勢を概観したにすぎない。にもかかわらず、これだけ多数の複雑で難解な情勢が同時代に広く展開していることは特に注目されることである。

将軍家の分裂を契機として、足利義稙・大内義興と足利義澄・細川政元がそれぞれ西日本の諸領主に忠節を命じたことは、結果的にいたるところで分断・分裂の拡大や深刻化を促し、対立の火種を生み出していった。しかも、上洛した大内義興の十年にわたる不在は、中国地方を中心に新たな対立軸の形成を促していった。対立軸の拡散・多極化・流動化によって、分裂的状況がいっそう進行し、政治情勢は混迷の度を深めていった。南九州の大規模な争乱、菊池氏の家督争奪、阿蘇氏における対立軸の変化、相良氏の混乱、土佐国の分裂・抗争、河野氏における対立軸の変化、山名氏・赤松氏分国の混乱、安芸武田氏や尼子氏の自立化、塩冶氏の反乱、そして対馬の錯乱状態（第一章2）などは、いずれもそのことを示す事例と考えられる。

四　大内義隆と大友義鑑の戦争

1　大内義隆と北部九州の争乱

西日本地域における十六世紀第二四半期の二十数年間は、引き続き分裂的状況を基調としながらも、徐々に統合へ向けた胎動が見られはじめた時代である。それはちょうど、大内義隆《おおうちよしたか》が大内氏家督であった時期に重なっている。

大内義隆の家督継承

享禄元年（一五二八、大永八年）七月、大内義興《よしおき》は安芸《あき》国門山《かどやま》城（広島県廿日市市）の陣中において病に倒れ、同年十二月二十日、山口において没した。享年五十二。跡を嗣《つ》ぐ嫡男の大内義隆は、二十二歳であった。

大内義隆は、永正四年（一五〇七）十一月十五日に生まれたと伝えられている。母は、かつて大内政弘《まさひろ》に討たれた内藤弘矩《ないとうひろのり》の娘である。幼名は亀童丸。これは大内氏歴代世子の名乗りであり、はじめから大内氏の正統な後継者として育てられたことがわかる。大内義興死去による家督の継承も、当時としては異例なほど円滑に完了している。後継者としての地位を脅かす有力な男子の近親者がいなかったことも一因であろうが、早くから家督継承の条件整備が進められていたことをうかがわせている。

芸備における停戦

ところで、大内義興から大内義隆への代替わりの時期に、大内氏はそれまでの方針を大きく転換したと推測される。安芸・備後《びんご》方面における大内氏の積極的な軍事行動が、見られなくなるからである。

出雲《いずも》国において尼子《あまご》経久《つねひさ》と塩冶《えんや》興久《おきひさ》が戦っていた享禄三年（一五三〇）五月二十八日、大内氏重臣の陶興房《すえおきふさ》は、毛利氏重臣の志道《しじ》広良《ひろよし》に宛てて、次のような書状を送った（『閥閲録《ばつえつろく》』巻一六　志道太郎右衛門）。

それ以後、雲州辺《うんしゅうあたり》の趣《おもむき》いかが候や、さても不慮の儀出来《しゅったい》候事にて候、（中略）いづかたを取り沙《ざ》汰《た》候てしかるべく候や、御存分の通り内外なく承《うけたまわ》りたく候、只今は先々《まずまず》両方とも相拘え分に候、ころび候はんずる方へ、こうばり（勾張）をかい候様に了簡《りょうけん》最中に候、さ候ても、はては何方ぞの勝負たるべく候、この時は兼日《けんじつ》その覚悟もいるべき事に候、どちを何と調略《ちょうりゃく》候てしかるべき事に候や、

34—大内義隆像（龍福寺所蔵）

両方共にはて候へば無上にて候、それもさすが隙明《すきあ》きがたく候や、陶興房は、「その後、出雲国方面の戦況はどうなっているでしょうか。それにしても思いがけないことが起こったものです。（中略）いったい、どちらに肩入れをすればよいのか、お考えを腹蔵なく聞かせてください。現時点ではとりあえず両方とも抱き込んでおいて、負けそうになった方を支援できないか思案中です。とはいえ、いずれ勝敗は決してしまうでしょうから、その時の心づもりも必要です。どちらをどのように調略すべきでしょうか。できれば両方ともに滅びてくれれば最高ですが、それは望むべくもないことでしょうか」と述べている。

大内氏の軍勢は、大内義興の発病によってすでに享禄元年八月には芸備両国から撤退しており（「松浦家文書」）、享禄三年当時の陶興房は、山口において若年の大内義隆をたすけ、大内氏を実質的に主導する立場にあった。志道広良も、毛利《もうり》元就《もとなり》を支えて、毛利氏家中《かちゅう》を取り仕切る存在であった。毛利氏は大内方に属していたが、それにしてもこのような機密に関わる政治的な文言をすべて信用してよいとは考えられない。しかしこの書状は、塩冶氏反乱が直接には大内氏の関与しない形で勃発した戦争であったこと、尼子経久方と塩冶興久方のどちらが勝ってもおかしくない戦況であったことを、示すものである。そして、大内氏がその戦況に関する情報に疎い旨をあえて明記し、いずれかを支援する意志を表明していることは、やはり大内氏と尼子氏が緊迫した敵対関係にはなかったことを裏づけている。

尼子氏が備後国北端の蔀山《しとみやま》城を攻略したのは、享禄二年七月のことと考えられる。したがって大内義隆は、享禄二年後半から享禄三年初頭までの間に、安芸武田《たけだ》氏や尼子氏との和議を成立させたと推測される。同じ陶興房書状によれば、享禄三年五月以前に備後国山内《やまのうち》氏が蔀山城を尼子氏から受け取っており、これも停戦条件の一つであったと思われる。

北部九州の新たな情勢

大内氏が安芸武田氏や尼子氏との停戦を決断した要因は、九州をめぐる情勢が大きく変化しはじめていたことにあったと推測される。それはやがて、大内義隆と大友義鑑《おおともよしあき》の全面的な戦争へと展開していく。ただしそこまでに至る過程を具体的に示す史料は、残念ながらほとんど残されていない。

大永七年（一五二七）、大友義鑑は豊後《ぶんご》国海部《あまべ》郡栂牟礼《とがむれ》城（大分県佐伯市）の佐伯惟治《さえきこれはる》を討ったと伝えられているが、その背後には、すでに肥後《ひご》国菊池義武《きくちよしたけ》・筑後《ちくご》国星野親忠《ほしのちかただ》・豊後国田原親董《ちかただ》らが反大友方として連携していたともいわれている（山本二〇〇七）。

享禄元年（一五二八）、少弐資元《しょうにすけもと》は、子の松法師丸（のちの少弐冬尚《ふゆひさ》）に家督と大宰少弐の名跡を譲り、自身は多久《たく》城（佐賀県多久市）を拠点として上松浦《かみまつら》方面や筑前《ちくぜん》方面へ攻め込み、大宰府《だざいふ》の制圧をめざしたと伝えられている（『歴代鎮西志《れきだいちんぜいし》』『北肥戦誌《ほくひせんし》』『肥陽軍記《ひようぐんき》』）。ただしその原因については、少弐氏家臣の筑紫氏・朝日氏の讒言《ざんげん》により、少弐氏が大内氏に疑心を抱いたためとしたり、あるいは大内氏が少弐氏へ疑心を抱いて討滅しようとしたためとするなど、さまざまに記されていて曖昧である。もしもこれら後世の記述のなにがしかの部分が事実であったならば、少弐資元は、父の少弐政資《まさすけ》が大内義興に敗れて明応六年（一四九七）に自害してから約三十年の雌伏の時を経て、再び大内氏と戦いはじめたことになる。

大内義隆が家督を継承したのちの享禄三年について、後世の記録は、肥前《ひぜん》・筑前・筑後における攻防をさまざまに記している。それらによれば、北部九州各国では、すでに多くの領主が大内方と反大内方に分かれて内部分裂を起こしており、菊池義武・星野親忠をはじめ、渋川氏・千葉氏・大村氏・有馬氏・筑紫氏・原田氏などの一族のなかにも、大内義隆に与する勢力が現れていたという。大友義鑑が筑後国生葉《いくは》郡の星野親忠を攻撃したこと、少弐資元が筑前国へ侵攻し那珂《なか》郡岩門《いわと》城（福岡県那珂川市）に拠ったこと、大内義隆の派遣した筑前国守護代杉興運《すぎおきかず》の軍勢が、筑紫尚門《つくしひさかど》・朝日頼実《あさひよりざね》らとともに少弐資元・冬尚父子の肥前国神埼《かんざき》郡勢福寺《せいふくじ》城（佐賀県神埼市）を攻撃したが、享禄三年八月の肥前国田《た》伝《で》原の戦い（佐賀県吉野ヶ里町）における龍造寺《りゅうぞうじ》氏らの奮戦により撃退されて、大宰府に逃げ帰ったこと、などを記している（『歴代鎮西志』『北肥戦誌』『肥陽軍記』『龍造寺記』ほか）。

連歌師宗牧の下向

享禄二年（一五二九）、肥後国鹿子木親員《かのこぎちかかず》は、連歌師《れんがし》宗碩《そうせき》に頼んで、公家の三条《さんじょ》西実隆《うにしさねたか》（正二位《しょうにい》・元内大臣）が秘蔵していた『源氏物語』を懇望した。実隆は悩んだ末に『源氏物語』を手放すこととし、宗碩に師事した宗牧《そうぼく》にそれを託した。宗牧は、近衛尚通《このえひさみち》に暇乞いをして大内義隆・大友義鑑・菊池義武宛の書状を預かり、まず山口に下り、大内氏分国内を巡遊した。翌享禄三年に九州へ渡り、筑前国を経て夏の盛りに肥後国へ入り、鹿子木親員へ『源氏物語』を届けた。さらに翌享禄四年にかけて九州各地を巡遊したのち、山口を経て、十一月に帰京した（木藤一九七三）。さらに享禄四年から翌年にかけて、宗碩も周防《すおう》・長門《ながと》・筑前を巡遊している（尾崎二〇一九）。菊池義武を家臣として支えた鹿子木親員が、高度な文化的教養を備えた都の公家や連歌師と以前から付き合いがあったことを示すとともに、連歌師たちの長期にわたる巡遊・滞在によって、さまざまな情報も行き交った可能性が高い。

いわゆる文芸（文学・芸術）は、個人の嗜好や教養に属する部分を基本とするものであって、武人にはそぐわないというようなとらえ方はたんなる誤解といってよい。十五〜十六世紀の列島各地の武家や寺社のなかに連歌に熱を上げる人々が数多く現れたことなどは、それをよく示す現象である。殺伐とした時代像からは見えにくい、人間性の機微にふれることができる場合も少なくない。

いっぽう、幅広い教養と知識、文学的素養などは、政治的にも大きな意味を持ったと考えられる。まだ階層的には偏りも大きいことが中世文化の担い手の特徴ではあるが、人間関係の形成に大きな役割を果たした可能性が高いからである。

たとえば、延徳二年（一四九〇）に、幕府の遣明船警固を命じられた日向国《ひゅうが》飫肥《おび》の豊州家島津《ほうしゅうけしまづ》忠廉《ただかど》が上洛した際に、高野山《こうや》聖無動院《さんしょうむどういん》住持が日向国の末寺に関する問題の解消のため、忠廉への取り成しを連歌師宗祇《そうぎ》に依頼した（川添一九八二）。宗祇と島津忠廉の親密な文化的交流は、こうした遠隔地の諸問題の解決に資するものとして期待されたことが知られる。また大永六年（一五二六）、平戸松浦《まつら》氏の家臣籠手田定経《こてださだつね》は、大内氏家臣の飯田興秀《いいだおきひで》に武家故実の伝授を求めた。飯田興秀から籠手田定経への故実伝授は、さらに天文三年（一五四四）十月から再開され、肥前国小城三津山陣（佐賀県小城市）や筑前国岩屋城《いわや》（福岡県太宰府市）など大内氏の陣中において、一年余りにわたって続けられた（米原一九七六）。おそらくこのような日常的交流そのものが、大内氏と平戸松浦氏の紐帯を具体的に確認し合う機会ともなっていたのではないかと思われる。

このようなことは大内氏に限られた問題ではないが、大内文化の隆盛は大内氏支持勢力の拡大をはかる際にも、大きな役割を果たした可能性が高い。当時の大内氏家臣にも、のちに「宗珊」と号する杉興道《おきみち》のような大内連歌師が数多く存在した（佐伯一九八〇）。大内義隆が、菊池義武と結束して少弐氏への対抗を志向した時期であることを勘案すれば、享禄三年の大内氏と菊池氏が宗牧を介した交渉に何ら政治的な役割を期待していなかったとは考えられない。

大内氏包囲網の形成

天文元年（一五三二）七月二十日、大友義鑑は、安芸国の熊谷《くまがい》氏に宛てて、次のような書状を送った（「熊谷家文書」一一八）。

江州公方様（足利義晴）御入洛の儀につき、たびたび御下知をなされ候の条、相応の忠儀、余儀なく存じ候のところ、大内造意《ぞうい》により、今に相滞り候、近日なお以て悪行顕然《あくぎょうけんぜん》せしむの条、近々豊筑発向の覚悟に候、然れば、連々申し談じ候ごとく、その堺の儀、油断なく御調えの儀、あわせて御忠節たるべく候、武田光和・尼子経久、別して申し合わせ候、海上の事、河野通直・宇都宮・村上宮内大輔、申し合わせ候、なお小笠原刑部少輔《おがさわらぎょうぶのしょう》方、達せらるべく候、恐々謹言、

（天文元年）
七月廿日　　　　　　　　　　　　　　　　（大友）
　　　　　　　　　　　　　　　　　　　　義鑑（花押）
熊谷民部少輔殿
（膳直）

ここで大友義鑑は、「近江在国の将軍足利義晴《あしかがよしはる》から京都復帰に尽力するよう命ずる下知を何度も受けていて、忠義を果たすことは当然のことと考えているが、大内氏の策謀によりいまだ実現できていない。最近になって大内氏の悪行があからさまとなったので、近々、豊前・筑前方面へ出陣することを決意した」と述べている。そして、安芸国の武田光和《たけだみつかず》と出雲国の尼子経久とはすでに連携することを合意済みであり、瀬戸内海についても伊予国の河野通直《こうのみちなお》・宇都宮豊綱《うつのみやとよつな》・村上宮内大輔《むらかみくないだゆう》との協力関係を確認している、とも述べている。大友義鑑は、大内氏分国を取り囲む大規模な包囲網を形成しようとしたことがわかる。

これら諸勢力が大友氏と交わした申し合わせの内容は定かでなく、安芸武田氏や尼子氏が実際に大友氏とともに軍事行動をとった形跡は見られないが、河野通直は大友義鑑と結びつきながらねばり強く大内氏と戦っていく。将軍足利義晴の下知を軍事行動の理由に掲げていることは、それまで敵対していた勢力にまで支持を広げる方策として効果が期待されたからであると思われる。そうした判断には、同年六月に足利義維《あしかがよしつな》・三好元長《みよしもとなが》が没落したことも、影響を与えた可能性が高い。ここに、大友氏

が主導する新たな対立軸が形成された。

2　北部九州全域におよぶ戦乱

豊筑をめぐる戦争のはじまり

それにしても、天文元年（一五三二）の大友義鑑が、戦端を開く理由として大内氏への「遺恨」を積極的に表明し、激しい敵愾心《てきがいしん》を露わにしている点は、注目される（「平林家文書」）。開戦の正当化に類似の言辞が用いられることは珍しいことではないが、大内氏の動きを「悪行」と断じて「遺恨」を隠さない姿勢からは、額面通りの強い憤りも伝わってくる。その「遺恨」の背景には、三十数年前に大友政親《まさちか》や大友親治《ちかはる》が大内義興との抗争に敗れた過去の経緯もあったとは思われるものの、大永五年（一五二五）以降わざわざ安芸国まで大内氏への援軍を派遣した大友義鑑には、大内氏に裏切られたという思いがあったものと推測される。実弟の菊池義武が大内氏と結びついて敵対する動きを示しはじめたことは、それほど受け入れがたいことであった。戦争を決断したのは大友義鑑であったが、敵対的な動きを見せたのは大内義隆のほうが先であったともいえる。

天文元年八月、大友義鑑の命を受けた軍勢が、ついに豊前・筑前方面へ出陣した。その報に接した大内義隆は、九月に軍勢を北部九州へ派遣した。八月二十五日、大友義鑑は少弐資元へ使僧を派遣し、肥前国衆らとともに大内氏と対決する意志を確認した（『古簡雑纂』）。九月十九日、大友方の立花親貞《たちばなちかさだ》・宗像氏延《むなかたうじのぶ》が、大内方の河津隆業《かわづたかなり》を筑前国宗像郡西郷（福岡県福津市）に襲撃し、逆に氏延が討ち取られて敗退した（「河津文書」）。十月には、大友方の軍勢が豊前国へ侵攻し、大内方の佐田朝景《さだともかげ》が籠もる豊前国宇佐《うさ》郡の妙見岳城《みょうけんだけ》（大分県宇佐市）への攻撃を繰り返した。十二月には、姫島《ひめしま》（大分県国東市）沖に大内方の軍船が姿を見せ、筑前国では、大友方の柑子岳《こうしだけ》城城督の臼杵鑑続《うすきあきつぐ》と志摩《しま》郡衆が、大内方の怡土《いと》郡高祖《たかす》城の原田隆種《はらだたかたね》を攻撃した。

35—妙見岳城跡

肥前・肥後・筑後への戦線拡大

天文二年（一五三三）に入ると、戦線はさらに拡大し、戦況は大内方が優勢となっていく。

豊前・豊後国境地域では、正月十日に妙見岳城を攻撃していた大友方の軍勢が敗走したという（「佐田文書」『編年大友十六』一一〇）。三月、大内氏の軍勢が豊後国速見《はやみ》郡鹿越《かなごえ》（大分県日出町）へ侵攻したほか、十一月には大内方の船が国東半島周辺に出没した（『編年大友十六』一二九・一八六）。

筑前国では、天文二年正月から大友方の立花《たちばな》城（福岡市東区）

をめぐる攻防がはじまり、陶興房の率いる大内氏の軍勢は、四月十一日に同城を攻略した。また四月二十八日には、柑子岳城も落城した。これにより、やがて博多周辺は大内氏が制するところとなった。また後世の記録によれば、少弐資元が肥前国の龍造寺氏らとともに、筑前守護代杉興運が守る岩屋城（福岡県太宰府市）を攻め、陶興房が率いる大内氏の援軍によって撃退されたという（『北肥戦誌』）。

またこのころ、戦線は肥前国にまで拡大していたようであり、三月には同国三根《みね》郡、四月には同国神埼郡において、陶興房率いる大内軍が少弐氏と戦っている。大内氏とつながる肥前国松浦興信《おきのぶ》は、四月十五日に肥後国相良長唯《さがらながただ》（義滋《よししげ》）に書状を送り、大内氏の軍勢が肥前国に着陣し優勢に戦いを進めている旨を伝えている（「相良家文書」三〇九）。いっぽう、大友義鑑は四月二十七日に少弐資元へ起請文を送り、あらためて盟約関係を確認している（「横岳《よこだけ》家文書」『西国武士団関係史料集二十四』一四八）。

同年十月ごろの筑後国は、肥後国菊池義武の軍勢の侵攻により、「筑後錯乱《さくらん》」（「大友家文書録」）という状況に陥っていた。かねてより実兄の大友義鑑から離反する動きを見せていた菊池義武は、相良長唯・阿蘇《あそ》惟前《これさき》らの支持を得て、筑前・肥前方面における戦乱を機に実際の軍事行動をとりはじめたと思われる。大友義鑑は、菊池義武の「逆心顕然《ぎゃくしんけんぜん》」（「五條文書」『編年大友十六』一六六）であるとして、肥後国へ兵を派遣した。これに対して菊池義武は、陶興房の支援を受けながら、下筑後の三池《みいけ》親盛《ちかもり》・溝《みぞ》口《ぐち》長資《ながすけ》・河崎《かわさき》鑑繁《あきしげ》・蒲池《かまち》能久《よしひさ》・西牟田《にしむた》親毎《ちかつね》や肥後国相良長唯らと連携して、対抗した（「相良家文書」三〇八・三一〇）。

天文三年（一五三四）も北部九州全域にわたる戦争が続き、一進一退を繰り返していった。

勢場ヶ原合戦

三月に菊池義武が豊後国玖珠《くす》郡境まで侵出し、大友義鑑は吉岡長増《よしおかながます》・田北親員《たきたちかかず》らを筑後国へ派遣した。四月六日、豊後国山香郷大牟《おおむ》礼《れ》山（大分県杵築市）で両軍が激突し（勢場ヶ原《せばがはる》合戦・大牟礼山合戦）、双方ともに多数の犠牲者を出す激戦となった（『編年大友十六』二九一～三〇三、三〇五～三〇九）。四月から五月にかけて、国東《くにさき》郡臼野《うすの》浦（大分県豊後高田市）に大内方の警固船が襲来し、七月には大内軍が玖珠郡に侵入して合戦におよんでいる（『編年大友十六』三五七～三六二）。

肥後国では、大友義鑑が派遣した入田親員《にゅうたちかかず》らが、四月に肥後国木山《きやま》城（熊本県益城町）を攻略し、菊池義武に大きな打撃を与えた。菊池義武は、七月に大内氏とともに玖珠郡へ侵入して反撃した。また筑後国では、七月に大内方へ転じた西牟田親氏《ちかうじ》が大友氏によって討たれるいっぽうで、大友方へ復帰していた星野親忠が、九月の大生寺《だいしょうじ》合戦において杉重信《しげのぶ》（重矩《しげのり》）の率いる大内軍に敗れた。

戦況は相拮抗した消耗戦となりつつあり、長期化の兆しが見えはじめていた。

3　和睦の成立

北部九州における停戦

天文三年（一五三四）十二月十四日、将軍足利義晴は大内氏・大友氏の和談を命じる御内書《ごないしょ》を発し、大内義隆へ三福寺格翁と飯尾堯連を、大友義鑑へ龍眠庵東興と諏訪長俊をそれぞれ使者として派遣した（「大友家文書録」、「成恒家文書」など）。

これを受けて大内義隆は、天文四年三月十日に「開陣」を表明し、出陣中の諸将に停戦を指示した（「林家文書」、『閥閲録』巻二十四　宍戸宮内）。次いで四月二十日、筑前国において大友義鑑と菊池義武との和与《わよ》が成立した（『八代日記』）。そして、将軍の和睦命令に対する請文《うけぶみ》が、五月に大友義鑑から、六月に大内義隆から、それぞれ提出された（『編年大友十六』四二四～四三三、「成恒家文書」）。戦争状態を脱した大内氏と大友氏は、戦乱によって変更された双方の所領や管轄範囲を再度確定しなおしていく段階に入ったと思われる。

そのいっぽうで大内義隆は、少弐氏をさらに追い詰めていった。後世の記録によれば、天文四年十二月、少弐資元は陶興房に攻められてその所領をことごとく奪われ、翌天文五年に肥前国多久城まで退いたという。そして天文五年九月に陶興房の攻撃を受け、少弐資元は自刃《じじん》したと伝えられている（『歴代鎮西志』『北肥戦誌』）。

大内義隆と大宰大弐

大内義隆は、御所の日華門《にっかもん》修築費用として銭百貫文を献上した賞として、天文四年（一五三五）十二月に大宰大弐《だざいのだいに》任官を朝廷に申請した。この時の申請は却下されたが、翌天文五年五月十六日、大内義隆は念願の大宰大弐に任じられた。大宰大弐とは、大宰府の長官であった師《そち》や権師《ごんのそち》に次ぐ次官であり、平安期には府務の実権をつかさどることの多かった官職である。

36—大宰府政庁跡と岩屋城跡

大内義隆の官歴をみると、永正十七年（一五二〇）以前と推測されている周防介《すおうのすけ》任官（『公卿補任』では天文元年）、享禄三年（一五三〇）の左京大夫《さきょうのだいぶ》任官などは、大内氏の正統な後継者であることを示すものである。しかし、天文二年に筑前守《ちくぜんのかみ》、天文五年に大宰大弐、天文九年に伊予介《いよのすけ》に任じられたことは、いずれも大内義隆の明確な政治的な意図があったと考えられている（福尾一九五九、山本二〇〇七、吉良二〇一二、山田貴司二〇一五）。

大内義隆が、筑前国守護職に加えて筑前守・大宰大弐に就任していることは、博多の所在する筑前国を管轄する地位の確保に意欲を示し、大友氏や少弐氏との戦争を優位に進めようとしたものと思われる。特に大宰大弐を望んだことについては、大宰少弐を世襲していた少弐氏を名実ともに封じ込める論拠として、それを上まわる官職にこだわったものともいわれている。また、伊予介任官についても、伊予河野氏との戦争を優位に進めるための方策の一つであったとも推測されている。

これらの官職が、どのような内実をともなうものであったのかについては、見解が一致しているとはいえないものの、大内義隆自身の認識としては、直面する敵対勢力との戦争を優位に進める正当性の論拠として重要な意味を持っていたと考えられ、その地位に基づいて大府宣《だいふせん》(太政官から大宰府官人への命令伝達書)の発給や大宰府官人の推挙などを実際に行っている。また、対馬宗《そう》氏から大内義隆宛ての書札礼《しょさつれい》が、太宰大弐就任を機にほかとは別格な厚礼に変化したこと(山田貴司二〇一五)は、少弐氏被官から自立化した宗氏が、大内義隆の求めた新たな正当性の論拠の活用に、現実的な意味を見出していたことを示している。

秋月の会談

天文七年(一五三八)三月、大内義隆が使者として派遣した陶持長《もちなが》・杉重信(重矩)・杉宗珊《そうさん》(興道《おきみち》)の三名と、大友義鑑が派遣した田北親員・山下長就《やましたながのり》・臼杵鑑続の三名が、筑前国秋月《あきづき》(福岡県朝倉市)において会談した(『大友家文書録』九三二)。

この会談の交渉内容は具体的にはわからないが、大内氏が大部分を制圧していたと考えられる筑前国内の大友氏旧領の処置に関することなど、今後の両者の関係の具体的な課題について話し合われたものと推測される。そして、博多息浜《おきのはま》をはじめとする筑前国内所領については、天文元年に戦争がはじまる以前の状態に復帰することを合意した。大友氏は筑前国における旧領回復を最も重要な講和条件とみなし、いっぽうの大内氏は、少弐氏再興の動きを封じることを優先課題としたのであろう。

この和睦の実現に、将軍足利義晴の働きかけが重要な契機となったことはいうまでもない。ただし、天文六年に幕府が両者の上洛を命じた際に、大内義隆は上洛の意志を表明しつつも結果的には上洛せず、大友義鑑は上洛をはかった形跡が見られない。大内義隆と大友義鑑の判断には、将軍の和睦命令をうまく利用した側面があったと考えられる。

このようにして、北部九州における大内氏と大友氏の戦争は終息した。天文八年十二月五日、大友氏は幕府に対して、「西国の事は、大内・此方、大概存知《たいがいぞんち》つかまつり候て、何事をも申し付け候、今《いま》以《もつ》てその分《ぶん》に候（西国は、これまで大内氏と大友氏が大部分を管轄し、すべて管掌してきた。現在もそのことに何ら変わりはない）」と述べている（『大友家文書録』九八二）。これが、当時における大友義鑑の認識と主張であり、大内義隆とは協力関係に復して、西日本の広い範囲に共同で強い影響力を発揮していく意志を示したことがわかる。

少弐冬尚と菊池義武

ただし、大内氏・大友氏の和睦は、九州における対立・抗争の解消を意味していない。大内義隆と対立した少弐冬尚も、大友義鑑に敵対した菊池義武も、引き続き根強い抵抗を続けたからである。

少弐氏の動向についてはほとんどを後世の記録に拠らざるをえないが、天文八年（一五三九）十一月十七日大内義隆寄進状《きしんじょう》（「太宰府天満宮文書」）に、同年十月、筑前国夜須《やす》郡において少弐冬尚・筑紫正門の軍勢を破ったと記されており、大友氏との和睦が成立して以降も大内氏・少弐氏の戦争が続いていたことを確認できる。大内義隆は、天文九年になると、石見国・安芸国において攻勢を強めた出雲国尼子氏に対抗するため、ようやく重い腰をあげ、東に向けて出陣したが、同年三月二十三日に平戸松浦氏へ遣わした書状（「松浦家文書」）によれば、肥前国・筑前国方面における少弐氏残党の動向にも神経をとがらせていたことがわかる。同年八月二十六日に平戸松浦氏に宛てた書状（「松浦家文書」）においても、大内義隆は「少弐残党ら、境目《さかいめ》にいたり相動《あいはたら》くべきの由《よし》、風聞《ふうぶん》候（少弐氏の残党らが、境目を攻撃してくるとの噂がある）」と述べている。少弐冬尚は、龍造寺氏の助力を得て、天文十年に肥前国勢福寺城に復帰したと伝えられているが、天文十四年に龍造寺氏と対立すると、大内義隆は龍造寺胤栄《たねみつ》を支援し、天文十六年に胤栄は千葉《ちば》胤連《たねつら》とともに勢福寺城を攻略して冬尚を筑後国へ敗走させたという。その後も少弐冬尚は復権をめざす動きを繰り返したが、最終的には永禄二年（一五五九）に龍造寺隆信・千葉胤連と戦って自害し、少弐氏は滅亡したとされている（『歴代鎮西志』ほか）。

相良長唯は、娘婿の菊池義武を支援する基本的な立場を維持しながらも、天文四年に和睦した名和《なわ》武顕《たけあき》とともに、大友義鑑・菊池義武兄弟の和睦を斡旋しようとした。いっぽう、菊池義武を支えてきた重臣の鹿子木親俊《ちかとし》・田島重賢《たじましげかた》は次第に大友氏に接近し、義武と対立するようになった。そのため天文八年七月、菊池義武は相良氏領内から隈庄《くまのしょう》（熊本都市城南町）へ侵攻し、鹿子木親俊・田島重賢らと戦った。菊池義武を支持する相良長唯・名和武顕・阿蘇惟前は、天文八年十二月に盟約を結び（「相良家文書」三三八・三四一・三四二）、天文九年には肥後国河尻・隈本（熊本市）において鹿子木親俊・田島重賢と戦っている。しかし、もはや大友義鑑と菊池義武が直接対立する形勢ではなく、まもなく阿蘇惟豊《これとよ》・惟前が再び対立すると、名和武顕は惟豊を支持し、やがて惟前が敗北するので、天文八年以来の相良・名和・阿蘇惟前の盟約も解体してしまう（松原二〇〇五）。菊池義武は、天文十九年に再び大友氏と戦うが、敗れて相良氏のもとへ逃れ、九州の名族菊池氏は名実ともに歴史の表舞台から退いた。

五　大内義隆と尼子氏の戦争

1　尼子氏の拡大

尼子氏と毛利氏の同盟

出雲《いずも》国において享禄三年（一五三〇）にはじまった塩冶《えんや》氏反乱（第三章6）は、両軍相拮抗する激戦となり、尼子経久《あまごつねひさ》と塩冶興久《おきひさ》は双方ともに大内《おおうち》氏に使者を送って支援を求めた（「籠手田文書《こてだもんじょ》」）。毛利《もうり》氏家臣が記したところによれば、大内義隆《よしたか》はいずれに味方すべきかを毛利元就《もとなり》に諮問し、父子の争いであるので尼子経久を支援するのが筋であるとの回答を得たため、尼子経久への支援を決断したという（「毛利家文書」二三九）。享禄四年七月に尼子経久の嫡孫尼子晴久《はるひさ》（詮久《あきひさ》）が毛利元就と兄弟契約を結んだことは（「毛利家文書」二一〇）、大内氏の支援を背景に、尼子氏と毛利氏の同盟が形成されたことを示すものである。その結果、戦況は一挙に尼子経久方が優勢となり、塩冶興久は備後《びんご》国山内直通《やまのうちなおみち》のもとへ逃れてかくまわれた。尼子経久は塩冶興久を討つため備後《びんご》国へ侵攻し、再び山内氏を攻撃しはじめた。毛利元就は、尼子経久と山内直通との戦争に際し、家臣福原《ふくばら》氏が率いる援軍を派遣しており、尼子氏と毛利氏の兄弟契約は実質をともなう軍事同盟であったことがわかる。

こののち、尼子氏は美作《みまさか》国・播磨《はりま》国・備後国・安芸《あき》国などへ向けて積極的な侵攻を繰り返し支配領域を飛躍的に拡大していくが、それは塩冶氏反乱を鎮圧し出雲国内の反尼子方勢力を掃討してはじめて実現されたものと考えられる。尼子氏の拡大は、大内義隆と毛利元就の支援がなければ困難であった可能性が高い。

美作国への侵攻

ところが、先に引用した天文元年（一五三二）七月二十日大友義鑑《おおともよしあき》書状（第四章1）によれば、大内氏の支援を受けたはずの尼子経久は、足利義晴《あしかがよしはる》の帰洛支援を大義名分として形成された大内氏包囲網にも協力を約したと記されている。大内氏からの恩を仇で返すかのような尼子経久の動きは、混迷する情勢を打開するためのしたたかな政治的判断であったと考えられる。

天文元年前半に、尼子氏家臣宇山《うやま》氏に率いられた尼子氏の軍勢が美作国に侵攻し、高田城《たかだ》（岡山県真庭市）の三浦《みうら》氏を攻撃した。尼子氏は備中《びっちゅう》国新見《にいみ》国経《くにつね》の協力を得て攻城戦を展開したが、伯耆《ほうき》国東半国（南条《なんじょう》氏など）と美作一国の諸領主が結束してこれらに対抗したため苦戦を強いられ、翌天文二年六月になっても高田城を攻略することができていない。しかし新見国経は、全体的な戦況は尼子方が優勢であると述べている（「東寺百合《とうじひゃくごう》文書」）。

尼子氏の美作侵攻は、すでに塩冶氏反乱の大勢が決していたことを裏づけるものであるとともに、足利義晴の帰洛支援という大内氏包囲網形成の大義名分を、侵攻の論拠として利用した可能性を推測させるものである。大内氏との停戦を前提とする新たな情勢下において、尼子経久は東側の山名氏・赤松氏分国への勢力拡大に全力を注ぐ主体的で積極的な意志を明らかにしたのである。

備後国山内氏の服属

天文二年（一五三三）、備中国新見国経が東寺へ送った書状（「東寺百合文書」）によれば、当時、尼子氏の軍勢は備後国に在陣し、甲山《こうやま》城の山内直通を攻撃していた。新見国経は、尼子氏の威勢が明らかで年内には決着して出雲国へ帰陣するのではないかと述べている。しかし、尼子氏が山内氏を服属させるまでには、なお二年以上の歳月が必要であった。やがて塩冶興久は自害したと伝えられているが、尼子経久は山内氏への攻撃を続けた。

尼子氏と同盟関係にあった毛利氏は、山内氏と数代にわたる知音を有していたため、尼子氏があくまでも山内氏の討滅にこだわったことや、援軍を率いた福原氏が尼子氏の本拠出雲国富田《とだ》へ連行されたことにより、尼子経久に対する不信感を強めていく（「毛利家文書」二三九）。大内義隆も尼子氏に備後国における停戦をあらためて呼びかけたが、尼子氏は聞く耳を持たず、さらに山内氏を追い詰めていった。そのため毛利元就は山内氏に接近する動きを見せて、尼子氏への敵対をほのめかすとともに、事態を収められない大内義隆に対する不満を募らせていった（「吉川家文書《きつかわけもんじょ》」三六五・三六八）。

天文五年三月、尼子氏は、山内直通の跡を山内氏同族多賀山《たかのやま》氏出身の隆通《たかみち》に嗣がせる形で、ようやく山内氏を服属させた。中国地方中央部を押さえた尼子氏は、こののち赤松氏分国の播磨国へ向けて大規模な遠征を繰り返していくようになる。天文年間前半（一五三二〜四一年ごろ）の尼子氏が美作国や播磨国へ侵攻したことにより、その勢力は中国地方東部の広い範囲におよんでいった。

天文六年（一五三七）に尼子晴久（詮久）は播磨国へ出陣し、同年末にいったん出雲国へ帰国して本国にて越年した。このころには、備後国の渋川義陸《しぶかわよしみち》・宮上野介《みやこうずけのすけ》が尼子方に転じており、尼子氏の優勢が明らかな情勢となった。

「上洛」戦と播磨国侵攻

天文七年六月からはさらに本格的な播磨国侵攻を開始し、七月に、置塩《おじお》城（兵庫県姫路市）を本拠とする守護赤松政村《あかまつまさむら》（晴政《はるまさ》）を高砂《たかさご》（兵庫県高砂市）へ、さらには淡路島へ敗走させるなど、播磨国に対する軍事的圧力を強めた。そして八月下旬以降、「上洛」を標榜して大規模な軍勢を美作・備前・播磨三か国に展開させはじめ、やがて尼子晴久（詮久）は城山《きのやま》城（兵庫県たつの市）に入った（尼子氏の本陣を別の城とみる説もある）。尼子氏の軍勢は、同年十一月に別所村治《べっしょむらはる》の籠もる三木《みき》城（兵庫県三木市）を攻撃したのち、翌天文八年初頭にいったん兵を引いて帰陣した。

天文八年十二月、尼子氏は再び播磨国へ侵攻した。これによって赤松政村（晴政）は摂津国瀧山《たきやま》城（神戸市）へ退去し、天文九年三月には和泉《いずみ》国堺《さかい》（大阪府堺市）にまで逃れていった。尼子軍は天文十年初頭に至るまで播磨国内に在陣している。

当然のことながら、このような軍事侵攻には事前の調略や地ならしが不可欠であり、たとえば天文七年八月下旬に美作・備前・播磨三か国に侵入した際には、すでに「何も敵ハなく候」（『大舘常興日記《おおだちじょうこうにっき》』）という情勢であった。尼子氏が進出をめざす地域の諸勢力との連携を早くから模索していたことは、畿内についても同様であった。まず天文五年末以降、一向一揆《いっこういっき》（真宗《しんしゅう》門徒）の本拠大坂本願寺《ほんがんじ》の宗主証如上人《しゅうしゅしょうにょしょうにん》（光教《こうきょう》）との交信を重ねている。また、天文七年には河内《かわち》国守護家の畠山稙長《はたけやまたねなが》（畠山尾州家、畠山政長《まさなが》の孫）が、尼子氏と連携して上洛をめざしている（弓倉二〇〇六）。尼子氏が播磨国への攻勢を強めていた天文七年十月に、細川高国《ほそかわたかくに》の牢人衆《ろうにんしゅう》が丹波《たんば》国で蜂起したことも（『厳助往年記《げんじょおうねんき》』）、尼子氏に連動したものである可能性がある。さらに、少なくとも天文九年までには、細川氏綱《うじつな》（細川典厩家《てんきゅうけ》出身、細川高国の養子であり後継者）が尼子氏に連動し、畠山稙長らとともに京都をめざしている（小谷二〇〇三）。氏綱は土佐《とさ》国の香宗我部《こうそかべ》氏に対しても、畠山稙長や尼子氏と示し合わせた軍事行動に協力するよう、忠節を求めている（『土佐国蠧簡集《とさのくにとかんしゅう》』）。

天文三年に将軍足利義晴と和解した細川晴元《はるもと》は、細川氏綱・畠山稙長とは敵対関係にあった。また、天文七年九月に足利義晴が「尼子上洛の儀、いかが沙汰ども候や（尼子上洛の件をどのように処置するべきか）」（『大館常興日記』）と懸念を込めた諮問をしているように、尼子氏の「上洛」そのものが幕府側（足利義晴・細川晴元）からの要請に基づくものでなかったとみられる。細川氏綱・畠山稙長が尼子氏の軍事行動を好機ととらえたことは確かであると思われる。

いっぽう、天文七年九月時点の尼子氏は、忠節を命じる足利義晴御内書《ごないしょ》を遣わされたことに返礼している（『大館常興日記』）。この時期の尼子氏は、足利義晴・細川晴元と明確な敵対関係にあったわけではなく、尼子氏自身が上洛後の構想を表明していたわけでもない。

尼子氏の一連の軍事行動は、佐々木京極《ささききょうごく》氏一族がかつて守護を務めた由緒も有しない諸国へまったく新たに侵攻したものである。京都へたどり着くことはできなかったものの「上洛」を標榜し、経路上の国々を制圧しながら畿内への遠征を企てたことは、当時としてはきわめて特異な動き方であったといわなければならない。畿内と中国地方を結びつける新たな情勢を生み出したのは、尼子氏の積極的な軍事行動によるところが大きいと考えられる。

2　安芸国・出雲国への遠征

安芸国の動乱の再燃

尼子氏の軍勢は、播磨国遠征からいったん帰陣した天文八年（一五三九）初頭のころ、今度は安芸・備後両国北部へ侵攻して、安芸国北《きた》城（広島県安芸高田市）・壬生《みぶ》城（広島県北広島町）、備後国志和地《しわち》城（広島県三次市）など各地を攻略した。また安芸国山県《やまがた》郡は吉川興経《きつかわおきつね》が占拠し、これを尼子氏が安堵している。安芸国高屋保《たかやほ》（広島県東広島市）の白山《しろやま》城を本拠とした平賀《ひらが》氏は、天文五年以来、頭崎《かしらざき》城の平賀興貞《おきさだ》（平賀弘保《ひろやす》の嫡男）が尼子方に転じたため、大内方の平賀弘保と対立して分裂状態が続いていた。また、安芸武田氏のもとには、出雲国衆の松田経《まつだつね》通《みち》・赤穴光清《あかなみつきよ》などが派遣されており、大内方との戦闘が繰り広げられた。沼田小早川正平《ぬたこばやかわまさひら》もこの時期には尼子方に転じていたとみられ、安芸武田氏の金山《かなやま》城（広島市安佐南区）には備後国沼隈《ぬまくま》郡の渡辺氏も番衆《ばんしゅう》を派遣している。尼子氏による調略は、安芸・備後全域におよんでいたことが知られる。尼子氏の攻勢は、頭崎城の平賀興貞や金山城の武田光和《たけだみつかず》などと連携して行われたものと考えられる。

この当時の尼子氏が広範囲におよぶ軍事行動を展開できた背景には、すでに述べてきたような山名氏・赤松氏・細川氏分国の分裂的状況（第三章3・4）があったものと考えられる。しかしそのことに加えて、大内義隆自身が尼子氏との対立を極力回避しようとしたことが、尼子氏の拡大を許す重要な契機となった可能性が高い。

享禄年間（一五二八～三二）の停戦以降、大内義隆の目は常に西へ向いており、尼子氏や安芸武田氏との戦争を望んではいなかった。しかし、安芸国における反大内方の明らかな攻勢に直面し、対処せざるをえない状況に立ち至ったものと考えられる。天文九年正月、大内義隆はついに重い腰を上げて山口から防府《ほうふ》（山口県防府市）まで出陣し、九月に岩国《いわくに》（山口県岩国市）まで陣を進めた（「棚守房顕覚書《たなもりふさあきおぼえがき》」ほか）。義隆は、大友義鑑にも加勢を依頼している（「山口大学図書館所蔵文書」）。

郡山合戦

このような緊迫した情勢下にあった天文九年（一五四〇）六月、安芸武田氏の当主光和が死去した。安芸武田氏家臣は尼子氏に人選を頼んで若狭国の武田信実《のぶざね》（武田元光《もとみつ》の子）を新しい当主に迎えた。

尼子晴久（詮久）は、安芸武田氏家督交替をめぐる不安定な情勢や、大内義隆の動きに対応するため、自ら大軍を率いて安芸国へ遠征した。そして、まずは毛利氏の本拠吉田郡山城《よしだこおりやま》（広島県安芸高田市、当時の本丸は郡山山上ではなく南東へ伸びる尾根上の「本城」に所在した）の攻略をめざして、天文九年九月に郡山城北西約四キロの風越山《かざこしやま》へ着陣した。尼子軍の人数を、当時の毛利氏は「三万」と記している。尼子氏は、風越山から南側へ断続する山の稜線上（宮崎尾など）や、多治比川を挟む対岸の三塚山・青山に大規模な陣城を構え、西側から郡山城へ向けて出撃を繰り返した。

37—郡山城跡（当寺の本丸は右側へ伸びる尾根上にあった）

いっぽう、郡山城の周辺には、毛利氏配下の軍勢のみならず、陶隆房《すえたかふさ》に率いられた大内氏の軍勢や、宍戸《ししど》氏・天野氏・竹原《たけはら》小早川氏など安芸国衆の軍勢が順次集結していった。尼子氏の軍勢は、郡山城に至る通路の各所をこれらの軍勢に塞がれて攻めあぐね、滞陣は四か月におよんだ。

天文十年正月十三日、毛利元就は宮崎尾の尼子陣所を切り崩し、陶隆房は三塚山の尼子軍と激戦を繰り広げ、尼子久幸《ひさゆき》をはじめ尼子方の多数が討死した。甚大な被害を受けた尼子軍は、その夜のうちに出雲国へ退却しはじめたが、降り積もる雪に行く手を阻まれ、江川《ごうのかわ》の渡河にも苦慮してさらに多くの犠牲者を出したという（「毛利家文書」二八六ほか）。

天文十年三月、大内義隆は安芸国門山《かどやま》城（広島県廿日市市）に陣を敷いた。大内氏の当主が安芸国に足を踏み入れたのは、十二年以上も前の享禄元年以来のことである。

郡山合戦は、安芸国における反大内方がまさに崩壊していく契機となった。頭崎城は落城し、天文十年四月に厳島《いつくしま》神主友田興藤《ともだおきふじ》、五月に安芸武田氏が、相次いで滅亡した。また、それまで飛躍的な拡大を遂げて優勢であった尼子氏が致命的な大敗を喫したことにより、毛利元就の名声が高まっていく大きな契機となった。

出雲国遠征の失敗

大内義隆は、安芸武田氏滅亡後の金山城に転陣したのち、天文十年（一五四一）八月に安芸国三入《みいり》（広島市安佐北区）に陣を敷いた。同年十一月、出雲国において尼子経久が死去し、十二月には大内義隆が従三位に叙せられて公卿《くぎょう》に列した。大内義隆は、長年にわたって東側の境界領域を攪乱してきた尼子氏を、一挙に叩いておく好機と認識したにちがいない。

天文十一年六月、大内氏の軍勢は三入から石見《いわみ》国河本《かわもと》（島根県川本町）と出雲国赤穴《あかな》（島根県飯南町）へ侵攻し、尼子氏を討つための出雲国遠征に着手した。七月二十七日に赤穴光清の戦死によって備後・出雲国境の出雲国赤穴城が陥落すると、河本の温湯《ぬくゆ》城小笠原氏をはじめとする石見国や出雲国の諸領主が次々と大内方へ転じた。大内義隆は、十月に高津《たかつ》場番《ばば》城（島根県雲南市・松江市八雲町）まで陣を進め、十一月には馬潟《まかた》（松江市馬潟町）に陣替えし、島根半島中央部の意宇《おう》郡東部一帯に大内方諸勢力を布陣させて越年した。

そして天文十二年二月に、大内義隆は富田《とだ》城を見下ろす京羅木《きょうらぎ》山（松江市東出雲町、島根県安来市広瀬町)に本陣を置き、いよいよ本格的な攻撃を開始した。三月には富田城の菅谷口《すがたにぐち》へ、四月には同じく塩谷口《しおたにぐち》へ攻め込み、尼子氏をあと一歩のところまで追い詰めた。

しかし天文十二年四月末以降、尼子方に転じる領主が続出して形勢は一変し、大内氏は五月七日をもって敗走を余儀なくされた。退却戦は困難をきわめ、大内義隆自身は大友氏の援軍にも助けられながら海路帰国することに成功したが、土佐一条氏出身の養子大内晴持《はるもち》(恒持《つねもち》)は、中海《なかうみ》に船出したものの逃げ切れずに討死した。そのほか大内氏東西条代官の杉隆宣《すぎたかのぶ》や、安芸国衆の沼田小早川正平など、多くの将兵が退却途上において戦死した(「棚守房顕覚書」「仁宮俊実覚書」ほか)。

出雲国遠征の失敗は、大内氏に深刻な打撃を与えた。陶隆房の挙兵によって山口が火の海となるのは、これより八年後のことである。

3 二大陣営の形成

大内氏・尼子氏の二大陣営

後世の記録に脚色や事実誤認が紛れ込むことは、後世の人間によって語られる「歴史」の本質に根ざす避けがたい現象であるともいえる。それゆえ、歴史を探る意義や魅力は尽きることがない。ただし戦国時代を描いた江戸時代の軍記物において脚色や事実誤認が顕著であるのは、江戸時代における書物・出版文化の普及により語り伝える主体と言説が飛躍的に拡大したためであるとともに、二つの時代の政治体制と社会構造がとりわけ大きく変化したからであると思われる。

中国地方を中心に戦国時代を描いた『陰徳太平記《いんとくたいへいき》』では、大内氏・尼子氏の二大陣営が早くから存在し、両者の狭間で苦しみながら、やがて毛利氏が覇権を握っていく過程を叙述している。尼子氏については、永正五年（一五〇八）に大内義興が上洛する以前、すでに「七州（七か国）」へ勢力をおよぼす存在であったかのように描いている。享保二年（一七一七）に版行された『陰徳太平記』は、その後の多くの歴史叙述にさまざまな影響を与えていった。

しかしこのようなとらえ方は、尼子氏の実勢力を過大に描いたものである。毛利氏と吉川氏の事蹟を顕彰するために、作者である岩国吉川氏家臣香川《かがわ》氏が、そのように描くことを必要としたからかもしれない。永正五年当時の尼子経久は、確かにすでに独自な動きを示しているが、その地位は出雲国守護代であって、周辺諸国における動向も確認できず、大内氏に敵対していたわけでもない。数か国におよぶ守護分国を管轄し、将軍足利義稙を支える役割を果たした大内義興との間には、大きな格差があったといわなければならない。

大内氏と尼子氏が相拮抗する形勢は、特に天文七年（一五三八）以降、尼子氏が播磨国など東側へ向けた活発な軍事行動を展開したころから見られはじめたものである。そして天文十二年に大内氏が出雲国から敗走した時、勝敗の帰趨《きすう》が不透明な相拮抗する状況に最も近づいたということができる。

ただし、尼子氏もまた安芸国において大打撃を受けた後のことである点には、留意が必要である。

西日本の合従連衡

天文十年（一五四一）正月に尼子氏を敗走させた毛利元就は、木沢長政《きざわながまさ》を窓口として、将軍足利義晴・細川晴元・山名祐豊《やまなすけとよ》・六角定頼《ろっかくさだより》へ戦勝を喧伝し、大内義隆・一条房冬《いちじょうふさふゆ》・赤松晴政などが連携する尼子氏包囲網の形成を働きかけている（「毛利家文書」二九〇）。尼子氏が再び襲来することを想定した動きであったと推測されるが、時機を逸せず広い視野で交渉を進めていることは、毛利元就の人物像（岸田二〇一四）を浮き彫りにしている。こうした働きかけは、天文十二年に、将軍足利義晴が大内氏に尼子氏「退治」（『閥閲録《ばつえつろく》』巻百二十一 周布吉兵衛）を命じて、尼子氏との対決姿勢を明らかにしていく伏線になったと思われる。

いっぽう、郡山合戦に敗れた尼子晴久（詮久）も、態勢の立て直しをはかった。天文十年四月、自ら美作国・備前国方面に出陣し、同年十月には足利義晴から「晴」の一字を遣わされている。また、山名祐豊（但馬山名氏・山名惣領家）と対立する因幡《いなば》国守護山名《やまな》誠通《のぶみち》を支援し、因幡国方面の勢力回復をはかった。やがて誠通は尼子晴久から「久」の一字を与えられて山名久通《ひさみち》と名乗り、天文十四年ごろまでの因幡国は尼子方の勢力が最も強まった。備後国南部に勢力を有した神辺《かんなべ》城（広島県福山市）の山名理興《ただおき》も、尼子氏与党として大内氏と戦い、天文十六年ごろまでの備後国は両陣営相拮抗する戦況となった。

天文十二年五月に大内氏が出雲国から敗走したことによって、大内氏に尼子氏の追討を命じていた足利義晴・細川晴元は面目を損われる苦しい立場に置かれた。天文十二年七月、かねてより尼子氏との連携に期待を寄せていた細川氏綱が和泉国において挙兵したこと（『多聞院日記《たもんいんにっき》』）は、おそらく大内氏の敗北を好機ととらえた動きであったと推測される（細川氏綱の乱）。氏綱はこの時には敗退したが、天文十五年に再び挙兵し、天文十七年に晴元方から離反した三好長慶《みよしながよし》がこれに荷担したことにより、形勢は氏綱方が次第に優勢となった。天文十八年六月、十河一存《そごうかずまさ》（三好長慶の弟）が、摂津《せっつ》国江口《えぐち》（大阪市東淀川区）において三好政長《まさなが》を討ったことにより（江口の戦い）、細川晴元は足利義晴とその跡を嗣いだ将軍足利義輝《よしてる》（当時の名乗りは義藤、在職一五四六〜六五）の父子とともに近江《おうみ》国坂本へ逃れ、同年七月、細川氏綱は三好長慶とともに上洛を果たしている。

以上のように、天文七年ごろから姿を現しはじめた大内氏・尼子氏の二大陣営は、天文十二年以降とりわけ顕在化し、大内氏の背後に細川晴元・六角定頼・大友氏・土佐一条氏・赤松氏・山名惣領家などが連なり、いっぽう、尼子氏・細川氏綱・山名久通・山名理興・河野通直・香宗我部氏らが各地で大内方に対抗する構図が形成された。両陣営ともに結束の度合いには精粗があり、多くは強固な盟約関係とまではいえない緩やかな協力関係ではあるものの、このような広域的な連携が必要とされる時代に入ったことをうかがわせている。

こうした形勢を生み出した原動力は、大胆な軍事侵攻による尼子氏の急速な拡大にあったと考えられるが、尼子氏にその機会を与えたのは、尼子氏と停戦し尼子経久を支援しながら西へ向かった大内義隆の方針転換にあったといえる。

大内氏と尼子氏が相拮抗する状況は、十六世紀半ばからの大内氏と尼子氏の衰退によって短期間で解消していったが、畿内と西日本全体の情勢に大きな影響を与えたと考えられる。

大内義隆と畿内政権

細川晴元は、陶隆房宛ての天文九年（一五四〇）三月の書状に「佐々木尼子乱入」と記したように、天文八年十二月から再び播磨国へ侵攻した尼子氏とはすでに敵対関係にあることを表明していた（「尊経閣文庫所蔵文書」）。ただし、天文十年に「堺渡唐船」派遣をめぐって大内義隆と対立していることからもわかるように、必ずしも大内氏と結束していたわけではない（『閥閲録』巻五十九　佐々木茂兵衛）。天文十二年に、足利義晴が大内氏に尼子氏の「退治」を命じたことは、天文十年の尼子氏の安芸国遠征失敗と、出雲国へ攻め込んだ大内氏の優勢をふまえた判断と推測される。細川晴元は、まさか大内氏が出雲国から敗走するとは予想していなかったのであろう。前述のように、出雲国遠征の失敗は細川氏綱の台頭を誘引したと推測される。

さらに、天文二十年九月に陶隆房の挙兵によって大内義隆が自害し、大内氏分国が混乱すると、翌天文二十一年正月、将軍足利義輝が細川氏綱・三好長慶と和睦して帰京し、細川晴元は失脚して若狭《わかさ》国へ逃れた。細川氏綱は、同年三月に右京大夫《うきょうのだいぶ》に任じられ、念願の細川京兆家《けいちょうけ》家督の地位を公認された（『歴名土代《れきめいどだい》』）。大内氏と尼子氏の動向が、細川晴元と細川氏綱の対立抗争に大きな影響をおよぼしたことを確認できる。

一連のできごとは、大内氏と尼子氏の動向が畿内の諸勢力に規定された側面よりも、大内氏と尼子氏の攻防が畿内の情勢へ影響をおよぼした側面の方が、大きかったことを示している。天文十四年に大内義隆は朝廷から正三位《しょうさんみ》に叙せられ、将軍足利義晴の従三位《じゅさんみ》を上回って武家の最高位となり、さらに天文十七年には従二位《じゅにい》に昇叙した（山田貴司二〇一五）。大宰大弐就任に代表される大内義隆の朝廷官位官職へのこだわりは、個人の性向としての「貴族主義」とも評されたが（福尾一九五九）、一面では、幕府体制の相対視と朝廷権威の利用を意図した政治的な方策であった可能性も高いと考えられる。十六世紀には金品献上の対価として武家に対する叙位任官が多発するようになるが、山口に公家の社会空間の一部が形成されたことにより、大内義興・義隆父子は将軍家とともに『公卿補任《くぎょうぶにん》』にも記載されてほかの武家とは別格に扱われており、また阿蘇氏・相良氏への叙位を仲介したのも大内義隆であった。ただし、こうした朝廷権威への傾倒はやがて大内氏滅亡に至る火種を生み出すことにもつながっていくのである。

享禄年間の大内氏は、少弐氏・大友氏との対立・抗争を再現していく新たな動きを見せた。それは、足利義稙を擁して上洛した時期とは趣《おもむき》が異なっており、独自に大内氏支持勢力の拡大をはかり、積極的に九州と東アジア海域における影響力の確保・拡大をめざしたものであった。そのような大内義隆の志向性は、結果的に尼子氏の拡大を促し、畿内政権からの自立性を高めた新たな大規模な対立軸を生み出した。大内義隆と尼子経久の動向は、自立的な政治的統合の胎動が見られはじめた十六世紀第二四半期における西日本社会の特徴を最もよく表わしていると考えられる。

六　統合への胎動

1　九州各地における動向

宗晴康と丁巳約条

永正九年（一五一二、中宗七）の「壬申約条《じんしんやくじょう》」によって、朝鮮王朝との通交を大幅に制限された対馬《つしま》宗《そう》氏は、対馬島内の統制に苦しみ、分裂・抗争が激化した（第一章2）。

しかし、天文八年（一五三九）に宗晴康《そうはるやす》（宗氏一門の豊崎《とよさき》郡主）が宗氏本宗家の家督を継承したころから、状況は大きく変化していった。当時の宗晴康はすでに六十五歳に達しており、異例の家督継承であったことがわかる。晴康は、引き続き朝鮮王朝に「壬申約条」の撤回を求めるとともに、天文十五年に宗姓諸氏の多くをいっせいに改姓させて、対馬島内における宗氏本宗家の求心力回復を図った。宗姓の制限が大きな抵抗もなく実現されたことは、宗晴康を擁立した宗氏家中（宗氏一門・家臣団）が主体的に合意した政策であったことを示すものとみられている（荒木二〇一七）。一五三〇年代の対馬は、分裂・抗争の時代から、統合が強く求められる時代へと、大きく転換したことがわかる。

天文二十二年に、宗晴康は子息の宗義調《よししげ》に家督を譲った。天文二十四年（一五五五、明宗十）、「倭船」七十余艘が全羅道《チョルラド》の達梁浦《タルリヤンポ》・梨津浦《イジンポ》付近を襲撃したが（達梁倭変《たつりょうわへん》）、この倭寇の鎮圧に功績を挙げた宗義調は、朝鮮王朝に対する外交交渉を積極的に展開していった。そして弘治三年（一五五七、明宗十二）に「丁巳約条《ていし》」が締結され島主歳遣船数を年三十回まで回復した。結局この体制が、十六世紀末に至るまで続いた。

ところで、享禄二年（一五二九）の大内義隆《おおうちよしたか》による家督継承以降、大内氏と対馬宗氏当主との間にはきわめて頻繁な交信がみられ、宗氏からは虎皮・豹皮・緞子《どんす》などの舶来品が何度も贈られた（「大永享禄之比御状并書状之跡付」）。両者の緊密な交流は、統合へ向かった対馬島内の動向や、分国東側の戦争を忌避して九州へ介入していった大内義隆の動向とも、無関係ではなかった可能性があり、互いの存在が双方の利害にいっそう深く関わる段階に入ったことをうかがわせている。それは、大内義隆が最後まで朝鮮王朝への「真使」を派遣しえた条件の一つでもあると推測される（第一章2）。それらの背景には、朝鮮半島を経由して大陸へ流出しはじめた日本銀も、深く関連していた可能性を指摘できる（第七章1）。

島津貴久の統一過程

天文四年（一五三五）に島津奥州家勝久《しまづおうしゆうけかつひさ》（忠兼《ただかね》）を追放した島津薩州家実久《さつしゆうけさねひさ》に対し、島津相州家忠良《そうしゆうけただよし》・貴久《たかひさ》父子は、勝久とも連携しながら反撃を開始し、天文五年に伊集院《いじゆういん》（鹿児島県日置市）を攻略し、守護所鹿児島に向けて勢力を拡大しはじめた。そして天文六年には薩州家を鹿児島から退去させ、天文七年に薩州家の加世田《かせだ》（鹿児島県南さつま市）を攻略して支配下に収めた。さらに天文八年には、紫原《むらさきばる》合戦（鹿児島市紫原）に勝利し、市来《いちき》城（鹿児島県日置市）を落とすなど、薩州家実久に対する相州家貴久の優勢が明らかとなった。島津貴久は、守護島津奥州家の菩提寺であった福昌寺《ふくしょうじ》（鹿児島市池之上町）を再興することにより、天文九年に薩摩《さつま》・大隅《おおすみ》・日向《ひゅうが》三か国守護の地位を宣明した（新名二〇一七）。

これに対し、天文十年に反相州家方の十三人（島津豊州家《ほうしゅうけ》忠広《ただひろ》・北郷忠相《ほんごうただすけ》・本田董親《ほんだただちか》・肝付兼演《きもつきかねひろ》・伊地知《いじち》氏・祁答院《けどういん》氏・入来院《いりきいん》氏・東郷《とうごう》氏など）が、島津貴久に従う樺山善久《かばやまよしひさ》の大隅国生別府城《おいのべつぶ》（鹿児島県霧島市）を包囲した。島津貴久が薩摩・大隅・日向三か国守護となることについては、なお多くの勢力が強く抵抗したことを示している。生別府城は、翌天文十一年に開城した。

天文十四年、島津豊州家と北郷氏はようやく島津貴久のもとへ出向き、貴久が守護であることを承認した。このころ、大隅国清水城《きよみず》（鹿児島県霧島市）の本田董親が大隅国府周辺に勢力を拡大し、天文十七年に加治木《かじき》の肝付兼演や、北原《きたはら》氏・祁答院氏とともに反乱を起こしたが、島津貴久によって鎮圧された。

38—戦国期鹿児島港町の港湾故地（戸柱港）

天文十九年、島津貴久は鹿児島に内城《うち》（鹿児島市大竜）を築いて入城したといわれている。島津奥州家の時代以来の清水城《しみず》（鹿児島市稲荷町）ではなく、港湾と町場に近接する丘陵上の居館を新たな拠点としたものと思われる。島津貴久は、鹿児島において政務を担う老中制を再編成するとともに、直轄領に地頭を派遣して現地の衆中を組織化する「地頭衆中制《じとうしゆうちゆうせい》」を確立したとされている（桑波田一九五八、山口一九八六、福島一九八八）。

ただし、天文二十一年に島津貴久・島津忠将《ただまさ》（貴久弟）・島津豊州家忠親《ただちか》・島津忠俊《ただとし》・北郷忠豊《ただとよ》・樺山幸久《ゆきひさ》・北郷忠相が連署した起請文《きしようもん》（『旧記雑録前編二』二六九九）が作成されたように、依然として島津貴久は、島津氏一族において抜きん出た立場にあるとはいえなかった。同年に、島津貴久が従五位《じゆごいの》下《げ》と修理大夫《しゆりのだいぶ》に任じられ、またそれ以前に嫡男の島津義久《よしひさ》が将軍足利義輝《あしかがよしてる》の偏諱《へんき》（「義」字）を受けていることは、守護としての正当性に弱点を抱えていた貴久が、その克服をめざした方策の一つでもあったと推測される。

こののち、島津貴久が大隅国始良《あいら》郡域を制圧するのは弘治三年（一五五七）、薩摩国全体を掌握するのは元亀元年（一五七〇）、島津義久が薩摩・大隅・日向三か国を制圧するのは天正五年（一五七七）のことである。

伊東義祐の勢力拡大

天文二年（一五三三）に死去した伊東祐充《いとうすけみつ》の後継者争いを勝ち抜いたのは、弟の伊東義祐《よしすけ》（祐清《すけきよ》）であり、天文五年に佐土原《さどわら》城（宮崎市佐土原町）に入って家督を継承した（『日向記《ひゆうがき》』）。天文十年、伊東義祐は島津豊州家忠広が支援した長倉氏を退けて山東《さんとう》（宮崎平野）を平定すると、島津豊州家の本拠飫肥《おび》（宮崎県日南市）への侵攻を開始した。とりわけ天文十四年には飫肥侵攻を本格化させ、伊東義祐の軍勢は飫肥本城にまで押し寄せた。しかし天文十八年、島津貴久が島津豊州家忠親救援のために軍勢を派遣し、伊東氏の軍勢はいったん撤退した。

天文二十二年、伊東義祐は再び飫肥侵攻を開始し、永禄年間（一五五八〜七〇）に入ると、豊州家を劣勢に追い込んだ。また永禄二年（一五五九）には、真幸院《まさきいん》の北原氏家督争いに介入して、北原氏所領を没収した。飫肥本城は、永禄十一年六月に伊東義祐に明け渡され、長年にわたる飫肥争奪戦が終結した。

この間、伊東義祐は天文五年には将軍足利義晴から偏諱（「義」字）を受け、のちには幕府御相伴《おしょうばん》衆《しゅう》にも列した。また天文十年に大膳大夫《だいぜんのだいぶ》に任じられ、永禄四年には従三位《じゅさんみ》に叙せられた。いずれも大金を要したという（『日向記』）。実権を維持しながら家督を子息の伊東義益《よします》に譲った天文十九年には、上洛もしている。伊東氏宿願の日向国守護職にはついに補任《ぶにん》されなかったが、「日薩隅三ヵ国の輩、伊東の家人《けにん》たるべし」と記された寛正二年（一四六一）三月二十五日足利義政御教書《あしかがよしまさみぎょうしょ》（『日向記』）という偽文書まで作成し、日向・薩摩・大隅三か国支配権を主張した。朝廷・幕府からの官位諸職授与に対し強い関心を有していたことは、日向国支配における正当性の確保が伊東義祐にとって大きな課題であったことをうかがわせている。

このようにして伊東氏は、義祐の時代に支配領域を拡大し、支配の正当性の強化をはかり、相良氏・菱刈氏・肝付氏らと連携しながら永禄年間後半に全盛期を迎え、元亀三年（一五七二）の日向国真幸院木崎原《きざきばる》の戦い（宮崎県えびの市）で島津氏に大敗するまでの間、日向国内の大半を支配した。永禄十二年に死去した伊東義益が土佐一条氏と婚姻関係を結んでいたこと（第二章3　系図参照）からもうかがえるように、伊東氏の拡大は、日向灘における要港をおさえ、南海路に関与・介入しうる条件を拡大することが、重要な目的の一つであったと推測される。

大友氏「二階崩れの変」

ちょうど大内義隆が出雲《いずも》国から退却した天文十二年（一五四三）五月七日、大友義《おおともよし》鑑《あき》は将軍足利義晴から肥後《ひご》国守護職に補任された（『編年大友十八』七二）。南北朝期に肥後国守護を務めた先例があったとはいえ、この補任も多額の献上金・贈品の賜《たまもの》であった。さらに九州探題《きゅうしゅうたんだい》の地位も望んだ。

天文十九年二月、大友義鑑の嫡男大友義鎮《よししげ》（宗麟《そうりん》）が湯治のため不在中に、豊後府内《ぶんごふない》において大友氏を揺るがす大事件が起こった（二《に》階崩《かいくず》れの変《へん》）。大友氏家臣の津久見《つくみ》美作守《みまさかのかみ》・田口新蔵人《たぐちしんくろうど》が謀反を起こし、これによってまもなく義鑑が死去し、義鎮が家督を嗣いだのである（『編年大友十九』四〜一八）。また同年三月、事件に深く関与していたとみられる大友氏家臣の入田親廉《にゅうたちかかど》・親誠《ちかざね》父子が大友義鎮の派遣した軍勢と戦い、やがて逃亡先の肥後国において阿蘇惟豊《あそこれとよ》に討たれたという（『編年大友十九』二六〜四二）。

後世の記録には、大友義鑑が三男塩市丸《しおいちまる》を寵愛し、家臣の斎藤播磨守《さいとうはりまのかみ》・小佐井大和守《こざいやまとのかみ》・津久見美作守・田口新蔵人に対して、嫡男義鎮を廃して塩市丸へ家督譲与する旨を伝えたところ、四名はそれに反対し、怒った義鑑が斎藤・小佐井を討ったこと、そのため津久見・田口は義鑑を襲撃して死に至る重傷を負わせ、彼ら自身も討たれ、義鑑の室をはじめ多数の死傷者を出したこと、などが記されている。原因についても、義鑑の室が画策したとするものや、若年の義鎮に粗暴な振る舞いが多かったためとするものなど、さまざまに記されていて曖昧である（『北肥《ほくひ》戦誌《せんし》』『大友興廃記《おおともこうはいき》』）。いずれも、確かなことはわからない。

　そのため事件の背景についてもとらえ方は一様でないが、入田氏が肥後国に逃れたことからもわかるように、当時逼塞していた菊池《きくち》義武《よしたけ》の動向と無関係であったとは考えられない。同じ天文十九年三月に菊池義武は再び肥後国へ戻って反大友方としての活動を再開し、名和《なわ》行興《ゆきおき》・相良《さがら》晴広《はるひろ》がこれに荷担しているからである（「相良家文書」四四五〜四五五）。大友義鑑は、肥後国守護職を得たとはいえ、同国中南部はもとより、旧菊池氏支配領域の同国北西部においてさえも、その支配に大きな制約があったことをうかがわせている。

　これに対して、事件を契機に家督を嗣いだ義鎮の時代に入ると、大友氏の支配は格段に進展し、ようやく一定の安定をみせた。肥後国では、天文十九年八月に隈本《くまもと》城を落城させ、菊池義武方を制圧した（『編年大友十九』一二七）。その後、菊池義武は相良氏にかくまわれたが、天文二十三年十一月に豊後国へ移送される途上の豊後国木《き》原《はる》（大分県竹田市）において、自害もしくは殺害された（『八代日記《やつしろにっき》』）。さらに大友義鎮は、豊後国・筑後国・肥後国守護職に加えて、天文二十三年に肥《ひ》前《ぜん》国守護職、大内氏滅亡後の永禄二年（一五五九）に豊前《ぶぜん》国・筑前《ちくぜん》国守護職や九州探題職に補任されただけでなく、実勢力としても北部九州全体へ勢威をおよぼすようになっていった。

ところで、宝徳三年（一四五一）に大内氏とともに宝徳度遣明船を派遣した大友氏は、早くから東アジア海域へ積極的な進出を図ってきた。結果的に、大友船が正式な使節として明朝に受け容れられたのは宝徳度遣明船のみとなったが、とりわけ一五四〇年代以降の大友氏は、倭寇的性格の渡唐船を何度も派遣した（第七章3）。そして大友義鎮の時代には、ポルトガル商人を積極的に招き入れるなど、きわめて豊かな国際性を備えていった。

「二階崩れの変」は大友氏の抱えていた根深い課題が表出したものであると考えられるが、結果的には大友義鎮の下で大友氏が発展を遂げていく転機ともなった。

阿蘇氏の統一と相良氏の三郡支配

十六世紀前半の阿蘇氏は、阿蘇惟豊と阿蘇惟前《これさき》が競合・併存する形勢にあった。しかし、天文九年（一五四〇）ごろから再び対立が激しくなると、阿蘇惟前は天文十二年に堅志田《かたしだ》城を攻略されて八代《やつしろ》へ敗走した。天文十三年、大内義隆を介して勅使烏丸光康《からすまるみつやす》が下向し、阿蘇惟豊は御所修理料献上の功として従三位に叙せられた。また、天文十八年には従二位《じゆにい》に叙せられている（「阿蘇家文書」三一一・三一四・三一六）。

大永六年（一五二六）に家督を継承した相良長唯《ながただ》（義滋《よししげ》）は、天文三年に八代新城を築いて、球磨《くま》・葦北《あしきた》・八代三郡支配を展開していった。相良長唯（義滋）の家督継承を助けた同族の上村頼興《うえむらよりおき》との約束により、長唯の跡は頼興の子相良晴広（上村頼重《よりしげ》・相良長為《ながため》・相良為清《ためきよ》）が嗣ぐことになるが、「義滋」と「晴広」という二人の実名は、天文十四年に大内氏を通じて勅使小槻伊治《おづきこれはる》が下向し、将軍足利義晴の偏諱を受けたものである。この時、大友義鑑が「義」字拝領に抗議したことも注目される（「相良家文書」三六六）。また相良長唯（義滋）は、すでにふれたように同年に大内氏渡唐船の往還警固を命じられた。同年に領内の球磨郡宮原《みやはる》で「銀石」が発見された際には、小槻伊治の斡旋により派遣された石見《いわみ》銀山大工洞雲《とううん》が、翌天文十五年に銀製錬を行った（「相良家文書」四一七、『八代日記』）。いずれも、相良氏と大内氏の親密な間柄を示すものである。

天文十九年、長年にわたって争奪を繰り返してきた豊福《とよふく》（熊本県宇城市）が、名和氏から相良氏へ割譲されて、相良氏の三郡支配はさらに進展した。天文二十四年、相良晴広は二十一か条の法度（「相良家文書」四七〇）を制定し、領内統治の方針を示した。研究史が注目してきたように、自律的・一揆的なつながりを持つ各郡の有力者「老者」たちが、依然として相良氏当主の権限を規制していた側面を軽視することはできないが、かつて彼らが起草して当主の承認によって制定された「両代之御法式」とは異なり、天文二十四年の晴広法度が当主自ら制定したものである点は、やはり重要と考えられる（石井ほか編一九七二、勝俣一九七九、服部一九八〇）。

阿蘇氏の統一や相良氏の三郡支配の強化に、大内氏が一定の役割を果たしたことを示している。

龍造寺隆信と大内氏

肥前国龍造寺《りゅうぞうじ》氏は、大内氏と結びつくことによって少弐《しょうに》氏から自立し、独自な勢力基盤を形成していった。

天文十四年（一五四五）、龍造寺氏は主家の少弐冬尚《ふゆひさ》と対立し、多くの一族が討たれて壊滅的打撃を受けた。天文十六年、大内義隆の支援を受けた龍造寺胤栄《たねみつ》が肥前国に復帰し、千葉《ちば》胤連《たねつら》とともに神埼《かんざき》郡勢福寺《せいふくじ》城（佐賀県神埼市）の少弐冬尚を攻撃し、冬尚は筑後《ちくご》国へ逃れたという（「藤龍家譜《とうりゅうかふ》」、『北肥戦誌』）。

天文十七年に龍造寺胤栄が病没すると、龍造寺一族の水ケ江家を嗣いでいた龍造寺胤信《たねのぶ》が惣領家家督を継承した。胤信は天文十九年に大内義隆から「隆」の一字を与えられ、龍造寺隆信《たかのぶ》と名乗った。また、天文二十年に大内義隆が自刃した際には、一時期本拠の佐嘉《さが》城（佐賀市）を追われて筑後国柳川《やながわ》城の蒲池《かまち》鑑盛《あきもり》の庇護を受けた。龍造寺隆信が自立化を遂げていく際に、大内氏の後援が大きな役割を果たしていたことを示している。

大内氏滅亡後の龍造寺隆信は大友氏に接近し、永禄二年（一五五九）に神代勝利《くましろかつとし》・江上《えがみ》武種《たけたね》らとともに少弐冬尚を滅ぼした。このようにして、後に北部九州を席巻した龍造寺氏の権力基盤が形成されていった。

2　瀬戸内海・四国各地における動向

天文伊予の乱と海賊衆

伊予《いよ》国河野《こうの》氏は、大友氏と和睦した後も大内氏との対立関係を解消せず、天文九年（一五四〇）～十六年には、大内氏警固衆《おおうちしけごしゅう》による伊予国島嶼《とうしょ》部への攻撃が本格的に展開されていった。この時期以降、能島村上《のしまむらかみ》氏庶流と思われる村上義忠《よしただ》・武吉《たけよし》父子や、浮穴《うけな》郡の大野《おおの》利直《としなお》・隆直《たかなお》父子など、大内方として活動する領主たちの動きが顕在化していく。

このような緊迫した情勢を背景として、天文十年～十一年に河野通直《みちなお》・晴通《はるみち》父子の対立が表面化した（天文伊予の乱《てんぶんいよのらん》）。その具体的な経緯についてはなお諸説があって定かではないが、いったん当主の座についた河野晴通が天文十二年に死去し、やがて河野通直が当主に復帰したことは事実と思われる。その背景には、河野氏中枢で台頭した海賊衆来島《くるしま》村上氏の村上通康《みちやす》が大内氏に敵対する河野直通を支持したのに対し、大内方に与する旧来の河野氏家臣団が河野晴通を支持するという、河野氏内部の対立があったとも推測されている（川岡二〇〇六）。天文十年の安芸《あき》国における反大内方の壊滅が、伊予国へ強い影響をおよぼした可能性を想定できる。

しかし、河野通直による支配は安定せず、天文十三年には大野利直が反乱を起こし、平岡房実《ひらおかふさざね》・和田《わだ》通興《みちおき》らの反撃によってかろうじて撃退した。こののち、おそらく大内氏との和議を成立させて、天文十六年をもって大内氏との戦争は終息したが、天文二十二年、河野通直・通宣《みちのぶ》（左京大夫《さきょうのだいぶ》）父子の対立により内紛が再燃し、翌年にかけて大野利直・和田通興が反乱を起こして、平岡房実・村上通康が鎮圧した。河野氏分国における混乱は、河野通宣が家督を継承してひとまず収まったと思われるが、河野氏当主の求心力はさらに後退を余儀なくされていった。

39—能　島　城　跡

ところで、能島村上氏・来島村上氏・因島《いんのしま》村上氏などの海賊衆は、字義どおりの掠奪《りゃくだつ》行為を行っただけではなく、水軍・警固衆として大内氏・大友氏・河野氏・毛利氏など周辺諸勢力へ組織的に協力・貢献するとともに、海上の流通課税徴収と通行安全保障を担う独自な立場を形成し、最盛期の天正年間（一五七三〜九二）前半には、瀬戸内海から玄界灘《げんかいなだ》に至る広大な海域に勢力をおよぼした。能島村上氏は、なかでも中心的な存在であった。

村上家伝来の「北畠正統系図」（『宮窪町誌』）によれば、天文十五年に能島村上氏の当主義雅が死去し、その跡目をめぐり村上義益と村上武吉《たけよし》が争ったという。この家督争いに勝ったのは嫡流の義益ではなく、庶流の武吉であった。村上武吉と、それ

40―能島村上氏略系図

村上隆勝―┬―義雅―義益
　　　　　├―義忠―武吉―元吉
　　　　　└―隆重

を支持した村上義忠・村上隆重《たかしげ》は、いずれも大内方に与していた（川岡二〇〇六、山内譲二〇一五）。大内義隆は、堺と薩摩を行き来する京・堺商人に賦課する「駄別役銭《だべつやくせん》」の厳島《いつくしま》における徴収を、堺商人の抗議を排して、村上隆重に認めた（「厳島野坂文書」・「大願寺文書」）。大内氏が、能島村上氏の一派を味方に引き入れるため積極的に働きかけたことを示している。さらに村上武吉は村上通康の娘婿となり、能島村上氏と来島村上氏も結びつきを強めていった。こうした新たな動向が河野通直を苦しい立場に追い込み、大内氏と戦い続けることが困難になったものと推測される。

海賊衆村上氏の勢力拡大の基盤は、天文十年代の河野氏分国の混乱と、大内氏の後ろ盾を重要な背景として、整えられはじめたものと考えられる。

土佐一条氏の存立基盤

土佐一条《とさいちじょう》氏が本拠を置いた土佐国幡多荘《はたのしょう》中村は、四万十《しまんと》川や後川《うしろ》に面した河川水運の要衝であり、内陸部とのつながりも、海とのつながりも、豊かであったと推測される。内陸部の良質な木材資源は、土佐一条氏の基盤を支えたと推測される。また、土佐・日向沿岸を経由する南海路（鄭舜功《ていしゅんこう》『日本一鑑《にほんいっかん》』に「夷海右道」と記された経路）の台頭は、応仁・文明の乱を契機とする和泉《いずみ》国堺《さかい》の海外貿易拠点としての発展と連動する現象であるといわれているが、十六世紀前半に至るまで、瀬戸内海・豊後水道・日向沿岸を経由する経路も、京都と土佐を往復する一条氏によってもしばしば用いられ（「棚守房顕覚書」）、堺の紅屋《べにや》が大内氏や瀬戸内海賊衆村上氏に「日向薩摩唐荷役」を納めていたことからも明らかなように、堺商人にとっても日常的な輸送ルートの一つであったと考えられる（「厳島野坂文書」）。これら二つのルートの結節点であった幡多郡周辺には、さまざまな恵みがもたらされたと推測される。四国南西部一帯から出土する貿易陶磁群はその一端をうかがわせるものであるが、その出土範囲は一条氏の拡大とともに広がっていった形跡がある（市村二〇〇八）。土佐一条氏が大きな勢力を保持しえた最大の理由は、海域において重要性を増していった二つの物流ルートが交錯する地域を、支配下に置いていたことにあったと推測される。

41—中村城跡より城下町・太平洋を望む

さらに土佐一条氏は、周辺の諸勢力との間に婚姻関係を張りめぐらせていった（第二章3　系図参照）。まず大内義興《おおうちよしおき》の息女を、一条房家《ふさいえ》もしくはその跡を嗣いだ一条房冬《ふさふゆ》の室に迎え、また一条房冬の子と推測される晴持《はるもち》（恒持《つねもち》）を大内義隆の養子とした（野澤一九八八）。また一条房冬の娘は、伊予国西園寺公宣《さいおんじきんのぶ》の室となった。さらに一条房冬の跡を嗣いだ一条房基《ふさもと》は、大友義鑑の娘を室とし、子息の一条兼定《かねさだ》は大友義鎮（宗麟）の娘や伊予国宇都宮豊綱《うつのみやとよつな》の娘を室とした。一条房基の娘は、日向国伊東義益《よします》の室となった。このほかにも土佐国の西側に隣接する伊予国宇和《うわ》郡には、法華津《ほけつ》氏・竹林院氏・御庄《みしょう》氏・河原淵《かわらぶち》氏など、土佐一条氏と親密な関係性を有する領主たちが存在した。海域において活動する土佐一条氏にとって、大内氏をはじめとする対岸や隣国の諸勢力と幾重にも取り結ばれた親密な関係は、海域における活動を支える重要な基盤であったと思われる。

土佐一条氏の拡大

天文六〜七年（一五三七〜三八）、一条房冬は、摂津国本願寺証如《ほんがんじしょうにょ》・和泉国堺商人・紀伊《きい》国雑賀《さいか》門徒と連携して、「唐船」を建造した（『天文日記』）。この「唐船」が何を目的に作られたのか定かではないが、土佐一条氏が広く東アジア海域における交易活動に強い意欲を持っていたことを裏づけている。南海路の重要拠点を本拠としていた土佐一条氏は、「唐船」をも活用しながら海域における優位性を高めようとしたものと推測される。

おそらくそのような背景をもふまえながら、土佐一条氏は、天文十五年から翌年にかけて津野《つの》氏などを屈服させ、大平《おおひら》氏も滅ぼして高岡《たかおか》郡を制し、土佐国の西半国を支配下に収めた。その過程においては幡多郡内諸領主（入野《いりの》氏・敷地《しきち》氏ら）の統制に苦慮しているものの、土佐一条氏はこのころに最盛期を迎えたといえる。そして、隣接する伊予国宇和《うわ》郡において河野氏や西園寺氏との抗争を繰り広げていく。

このような一条氏拡大の条件には、海域における優位性とともに、大内氏・大友氏との強い結びつきがあったと考えられる（第三章3）。その背景には、土佐沿岸や豊後水道・日向灘を経て京・堺と大陸を結ぶ南海路にどのような影響力を保持できるのかという、大内・大友・土佐一条氏の三者に共通する課題があったものと推測される。

ただし、天文十年に一条房冬が死去したのち、跡を嗣いだ一条房基が天文十八年に若くして自害したことは、土佐一条氏にとって不運なことであった。その結果、幼少の一条兼定が跡を嗣ぐこととなり、政務は家宰の源康政《みなもとのやすまさ》が主導した。十六世紀後半の土佐一条氏は、長宗我部《ちょうそかべ》氏の拡大にともなって徐々に衰退していった。

長宗我部氏の拡大

岡豊城《おこう》（高知県南国市）の長宗我部国親《くにちか》は、天文十年代から勢力拡大を本格化させた。天文十六年（一五四七）ごろに大津城（高知市）の天竺《てんじく》氏を討ち、天文十八年ごろに山田郷（香美市）の山田氏を滅ぼしたほか、香宗我部《こうそかべ》氏には三男親泰《ちかやす》を送り込んで家督を継承し、土佐国中央部（長岡《ながおか》郡・香美《かみ》郡）の平野部・海辺部を掌握した。

このころから、山間部の本山清茂《もとやまきよしげ》も南へ向けて拡大しはじめ、吉良《きら》氏所領や重要港湾の浦戸《うらど》を奪取して強大化した。本山氏は、土佐国一宮（土佐神社、高知市一宮）も勢力下に収めており、土佐国中央部では最大の勢力を誇った。

永禄三年（一五六〇）、長宗我部国親が本山氏領内の長浜城（高知市長浜）の攻撃を開始し、これが初陣となった長宗我部元親《もとちか》（国親の子）は、同年に急死した国親の跡をうけて家督を嗣いだ。そして、永禄十一年に本山氏を降し、安芸氏・津野氏も攻略すると、天正二年（一五七四）には一条兼定を豊後国へ敗走させた。天正三年、土佐一条氏の再興をめざして再上陸した一条兼定を撃退し（渡川合戦《わたりがわかっせん》）、これによって長宗我部氏が土佐国全体を支配下に収めた（平井二〇一六）。

3　毛利氏の台頭と大内氏の滅亡

毛利氏の拡大過程

安芸国毛利氏が中国地方全域へと勢力を拡大していく過程において、弘治元年（一五五五）十月の厳島合戦《いつくしまかっせん》は最も重要な画期であったと考えられる。しかしそれ以前の毛利氏も、すでに安芸国周辺の他の領主とは一線を画する存在であった。

十六世紀初頭の毛利氏は、安芸国高田《たかた》郡の中南部のみならず、安芸国東西条《とうさいじょう》や備後《びんご》国内にも多数の所領を有していた。さらに、享禄年間（一五二八〜三二）に滅亡した高橋氏旧領を継承したことにより、毛利氏の支配領域は高田郡北部から石見国邑智《おおち》郡南部にまで拡大した。

天文十年（一五四一）に郡山合戦《こおりやまかっせん》という難局を切り抜けて尼子氏を敗走させたことは、毛利元就《もうりもとなり》の名声を飛躍的に高めた。天文十三年、大内義隆の強い薦めにより、元就は三男の隆景《たかかげ》に竹原小早川《たけはらこばやかわ》氏を相続させた。天文十五年に嫡男隆元《たかもと》へ家督を譲った後も、元就は実権を保持した。

備後国では、大内氏が出雲国から敗走して以降、山名理興《やまなただおき》の居城神辺城《かんなべ》（広島県福山市）をめぐる激しい攻防が繰り返されたが、天文十八年九月に至り、大内氏の軍勢によって落城した。一連の神辺城合戦には、毛利氏をはじめとする安芸・備後国衆が参戦し、各所で戦功をあげている。天文二十三年に至るまでの毛利氏は、安芸国において大内氏の守護権限を代行した弘中隆兼《ひろなかたかかね》とともに、安芸・備後両国におよぶ軍忠吹挙権《ぐんちゅうすいきょけん》や公役徴集権の行使に大きな役割を果たした（柴原一九九三）。

天文十九年の元就は、冷酷ともいえる大胆な計策を次々と断行した。まず、次男元春《もとはる》を安芸国吉川《きっかわ》氏の本拠に送り込んで家督を継承させるとともに、恭順の意を示して隠居していた吉川興経《おきつね》を殺害した。また、三男隆景には反対派を押し切って沼田《ぬた》小早川氏を継承させ、両小早川氏を合体させて毛利氏与党化をはかった。さらに、毛利氏家中に大きな勢力を有した井上氏一族を粛清し、家中の統制を飛躍的に強化した。前年（天文十八年）二月から五月にかけて山口に滞在し、陶隆房《すえたかふさ》の策動による大内氏内部の不穏な空気をつぶさに見聞きしていた元就が危機感を募らせ、徹底した禍根の排除と権力基盤の強化をはかったものと推測される。

天文二十年の陶隆房の挙兵に呼応した元就は、積極的な軍事行動により、佐東《さとう》郡・広島湾頭や東西条における支配領域を大幅に拡大した。

このようにして毛利氏は、厳島合戦以前の段階において、安芸国・備後国・石見国に広大な所領を有するとともに、盟主的存在として周辺諸領主との連携を強め、またそれらを基盤に大内氏の守護権限を輔翼《ほよく》する固有の立場を形成していた。

42—大内義隆墓所（大寧寺）

陶隆房の挙兵

天文二十年（一五五一）八月二十九日、大内氏重臣の陶隆房（周防《すおう》国守護代）・杉重矩《すぎしげのり》（豊前国守護代）・内藤興盛《ないとうおきもり》（長門《ながと》国守護代）らの率いる軍勢が山口に乱入した。大内氏館をはじめ、多くの屋敷・寺院が焼け落ちた（「大内義隆記」）。天文二十年正月五日相良武任《さがらたけとう》申状写（『毛利家文書』一五五六）によれば、陶隆房は、大内義隆に重用されている相良武任らに対する反感を強め、すでに数年前から大内義隆への謀反を計画していたという。

襲撃を受けた大内義隆は、子息の大内義尊《よしたか》、家臣の岡部《おかべ》隆《たか》景《かげ》・黒川隆像《くろかわたかかた》・冷泉隆豊《たかとよ》・天野《あまの》隆良《たかよし》・太田《おおた》隆通《たかみち》・禰宜《ねぎ》右延・小《お》幡義実《ばたよしざね》、公卿の二条尹房《にじょうただふさ》（前関白）・二条良豊《よしとよ》・持明院基規《じみょういんもとのり》らとともに山口を脱出し、九月一日に長門国の仙崎《せんざき》（山口県長門市）までたどり着き、ここから海路九州へ逃れようとした。しかし逆風によりそれが果たせず、湯本の大《たい》寧寺《ねいじ》（山口県長門市）に入った。追い詰められた義隆は、身を清めて住持の異《い》雪慶殊《せつけいじゅ》と対談し、同行者たちと歌を詠んだ後、自害して四十五歳の生涯を閉じた。同行者たちも、逃避行の途上や大寧寺において討たれ、あるいは捕らえられたのちに殺害された。このほかにも三条公頼《さんじょうきんより》（前左大臣）・小《お》槻伊《づきこれ》治《はる》や義隆の息女など、多くの公家や大内氏一族が落命した。また後日、筑前国において相良武任が殺害され、武任を支持した杉興運《おきかず》（筑前国守護代）も討たれている。凄惨な殺戮《さつりく》の様相は、蹶起《けっき》した大内氏家臣たちに、義隆の身近な人々や公家たちへの根深い遺恨が存在したことをうかがわせている。

陶隆房を支持する勢力は、大内氏分国内のみならず周辺国の諸領主にも広がっていた。安芸国では、八月二十日に軍事行動を開始した毛利元就が金山城《かなやま》（広島市安佐南区）を接収したほか、九月十一日には平賀隆保《ひらがたかやす》など大内義隆方勢力の立て籠もる槌山城《つちやま》（広島県東広島市西条町）を攻略した。石見国では益田藤兼《ますだふじかね》をはじめ周布《すふ》氏・小笠原氏など多くの領主が、陶隆房に荷担していた。

惨劇の要因

陶隆房の挙兵の原因については、重臣層を中心とする「武断派《ぶだん》」が、相良武任など大内義隆側近層を中心とする「文治派《ぶんち》」への反感を強め、ついに暴発したものとみるのが通説であるといわれている。右筆を務める文臣として大内氏当主側近から身を起こした相良武任は、大内義隆に重用されて、奉行衆や評定衆にも名を連ねる重臣となっていた。「武断派」と「文治派」の対立の要因は、義隆が公家的生活を重視し分国の実情を無視して行った臨時課役の増大にあるとも指摘されている（宮本一九八八）。たしかに、大内文化を象徴する膨大な和漢文物の収集や多数の公家・文化人の滞在が、多額の経費を必要としたことは想像にかたくない。また大内義隆の個人的資質として、多くの大内氏家臣や大内方諸領主たちの危機感を関知できないまま、いたずらに公卿の風尚を慕い、暴発を防ぐ決断もできなかったことが、惨劇を招いた原因であるとも考えられている（福尾一九五九）。さらに、重臣たちの愁訴《しゅうそ》であっても、側近・奉行人を通さなければ当主のもとへ届かないシステムが、困難な現実に直面していた分国統治の現場から義隆を乖離《かいり》させて、対立を助長したとも指摘されている（和田二〇〇七）。要因は複合的であり、いずれも軽視することのできないものではないかと思われる。陶隆房の挙兵を支持した人々の眼には、大内義隆と側近層や公家たちが、直面する現実的課題を放置して深刻化させ、大内氏を窮地に陥れる元凶として映し出されていたのであろう。そして陶隆房に与同する勢力が、安芸・石見など広範囲に現れたことは、分国東側の軍事的緊張に十分な対応ができないまま、出雲国遠征にも失敗して大きな損害をもたらした大内義隆への拭いがたい不信感が、鬱積していたことをうかがわせている。

陶隆房は、新たな大内氏家督として大友晴英《はるふさ》（大友義鎮の弟）の擁立を早くから決めていた。大友晴英は、かつて大内義隆の猶子となった経歴を有していたからである。陶隆房の挙兵が、「クーデター」とも称されるゆえんである。ただし、陶隆房のめざした体制は、日本の朝廷権威や東アジアの旧来の外交秩序を優先的に重視した大内義隆とは、根本的に相容れないものであったと考えられる。大友晴英は、海路を経て天文二十一年三月三日に山口へ到着し、大内氏家督を継承した。こののち、大内晴英は大内義長《よしなが》、陶隆房は陶晴賢《はるかた》と改名した。

三好政権の成立と尼子氏

天文十八年（一五四九）七月に上洛を果たした三好長慶《みよしながよし》と細川氏綱《ほそかわうじつな》は、天文二十一年正月に将軍足利義輝と和睦し、細川晴元《はるもと》は若狭《わかさ》武田氏を頼って落ち延びた。すでに述べたように、この政変は陶隆房の挙兵に影響を受けたものである可能性が高い。

細川晴元が失脚した時、山口には大内氏の当主自体が存在していなかったのである。

三好政権の確立は、やがて阿波《あわ》国の三好実休《じっきゅう》（長慶の弟）が自立化を遂げて、天文二十二年六月に守護細川持隆《もちたか》（細川晴元の従兄弟）を守護所勝瑞《しょうずい》城（徳島県藍住町）において滅ぼし（見性寺《けんしょうじ》事件）、三好氏一族が畿内・四国東部にさらに大きな勢威をおよぼしていく契機ともなった（天野編二〇一二）。

尼子晴久《あまごはるひさ》も陶隆房の挙兵を好機ととらえたものと思われ、早くも天文二十年十月には美作《みまさか》国へ出陣し、尼子氏の軍勢は翌年にかけて備中《びっちゅう》国・備後《びんご》国方面をうかがう動向を示した。長年にわたり大内氏と戦ってきた尼子氏は、三好長慶・細川氏綱の政権確立に貢献した形となったため、天文二十一年の晴久は、出雲・隠岐《おき》・伯耆《ほうき》・因幡《いなば》・美作・備前・備中・備後の八か国守護職、幕府御相伴衆、従五位下、修理大夫に次々と叙せられた。おそらく晴久自身が叙爵任官を懇望し、相当の金品を要して実現されたものと推測される。しかし、守護職の補任は支配の強化や安定には結びつかなかった。とりわけ因幡・備前・備中・備後の諸国では、尼子氏の勢力はさらに後退していった。たとえば備後国では、天文二十二年に尼子方に転じた旗返《はたがえし》城（広島県三次市）の江田《えだ》隆連《たかつら》が敗北し、それまで尼子氏に従っていた山内隆通《やまのうちたかみち》までもが山名氏・毛利氏へ転じたことにより、これ以後尼子氏の軍勢が侵入してくることはなくなった。大内氏の混乱と歩調を合わせるかのように、尼子氏もまた衰退の過程をたどりはじめたのである。

防芸引分

大内義長（晴英）と陶晴賢（隆房）が主導した新たな大内氏権力は、重臣の守護代層による連合政権の様相を呈し、大友氏からの影響力も強まって、当主の地位は不安定であった。天文二十二年（一五五三）に陶晴賢（隆房）が杉重矩を討ったことによる陶氏と杉氏の対立など、重臣相互の権力闘争も大内氏を弱体化させた。

同じ天文二十二年、陶氏とは宿敵の間柄にあり、かつて相良武任にも通じていた石見国三本松城（島根県津和野町）の吉見《よしみ》正頼《まさより》を討つために、大内氏・陶氏による攻城戦がはじまった。陶晴賢（隆房）は毛利氏に対して再三参陣を求めたが、毛利氏家中の評定は決せず、なかなか態度を表明しなかった。特に当主の毛利隆元（元就嫡男）は、主君の殺害にまでおよんだ陶晴賢（隆房）を厳しく糾弾し、陶氏との対決を強く主張していた。

天文二十三年五月十二日、ついに毛利氏は陶晴賢（隆房）との断交を表明して挙兵し（防芸引分《ぼうげいひきわけ》）、広島湾周辺の佐東郡と廿日《はつか》市《いち》・厳島を一挙に占領した。以後、安芸国南部各地の海陸や、石見国東部において、陶方と毛利方の戦争が繰り広げられた。陶晴賢（隆房）が安芸国へ派遣した宮川甲斐《みやがわかいの》守《かみ》は、六月五日の明石《あかし》口合戦《ぐちかっせん》において戦死した（秋山一九九八）。

毛利氏の攻勢に手を焼いた陶晴賢（隆房）は、大内氏と尼子氏の和談を成立させて、天文二十三年八月に吉見正頼と和睦したが、戦況を打開するには至らなかった。大内氏と尼子氏による二大陣営対立の構図は、防芸引分によって最終的に解消されたということができる。

厳島合戦

弘治元年（一五五五）九月二十一日、陶晴賢（隆房）は、安芸国攻略の拠点とするため厳島に渡海し、塔の岡（厳島神社社殿北隣の丘陵）に陣を敷いて宮之城《みやの》（宮尾城《みやのお》）を攻撃しはじめた。九月三十日、川内警固衆《かわのうちけごしゅう》（毛利元就が太田川下流域・広島湾頭の水上勢力を中心に編成した直属水

43―厳島神社

軍）によって対岸の地御前から厳島へ向かった毛利氏本隊は、島の北東側に位置する包ヶ浦《つつみがうら》に上陸し、十月一日に博奕《ばくち》尾《お》を越えて陶晴賢（隆房）の本陣を背後から襲撃した。海上に控えていた小早川隆景の水軍や、前日に到着した海賊衆来島村上氏もこの戦闘に加わった。

陶晴賢（隆房）が率いる大内氏の軍勢は、不意をつかれて大混乱に陥り、脆くも敗れ去った。晴賢自身は戦場から逃れようとして厳島島内を西へ向かったが、制海権を奪われた大野瀬《おおのせ》戸《と》を渡海できず、大江浦《おおえのうら》にて自害した。弘中隆兼も、厳島山中の龍ノ岩にたてこもって戦ったのちに自害した（「棚守房顕覚書」）。

陶晴賢（隆房）という柱石を失った大内氏は、これ以後さら

44—大内氏終焉の地・功山寺

に弱体化し、石見銀山も毛利方へ転じた。毛利氏は同年十月に周防国岩国へ陣を進め、安芸・備後国衆たちとともに防長侵攻に着手した。

大内氏の滅亡

周防国東部の玖珂《くが》郡・熊毛《くまげ》郡では、反毛利方の地下人・百姓たちが毛利氏の侵攻に抵抗し、各地で戦闘が激化した。錦川支流域の山代十三か郷（山口県岩国市）では、厳島合戦以前から毛利方へ転じた「五ヶ」（東部の阿賀・生見・下畑・渋前・藤谷）と、在地勢力の多くが反毛利方として抵抗を続けた「八ヶ」（西部の北郷・波野・河山・府谷・広瀬・深川・須川・宇佐）とに分裂して争乱状態となった。毛利氏は、山代本郷の成君寺《じょうくんじ》城を攻略したのちに「八ヶ一揆」を徹底討滅し、弘治二年（一五五六）三月に両郡を平定した（池一九九五）。

周防国都濃《つの》郡に入った毛利方の軍勢は、須々万沼《すすまぬま》城（山口県周南市）の攻撃をはじめたが、陶氏家臣をはじめとする城衆の強力な抵抗により容易に攻略することができなかった。弘治三年三月三日にようやく須々万沼城を攻略した毛利氏は、戦線の膠着状態を脱して山口に向けた進軍を再開し、防府《ほうふ》に陣を敷いた。

このような情勢をみた大内義長（晴英）は、山口を脱出して長門国長府《ちょうふ》の勝山城《かつやま》（山口県下関市）に入った。九州へ逃れて再起を図ろうとしたものと思われるが、実兄の大友義鎮は毛利氏との戦争を望まず、それを助けなかった。芸備国衆を主力とする毛利方の軍勢に取り囲まれた勝山城は、四月二日に落城寸前の状況となった。そして翌日の四月三日（もしくは四月四日）に、大内義長（晴英）は長府の長福寺《ちょうふくじ》（現在の功山寺《こうざんじ》）において自害した。

このようにして、中世後期の西日本と東アジア海域に大きな足跡を残した大内氏は、それまでの勢威がまるで幻影であったかのごとく、急速に衰退・滅亡していった。

七　列島周辺海域の変動

1　石見銀山

発見と開発

これまで述べてきたように、十六世紀前半の西日本においては、分裂が進行して抗争が複雑化する状況を基調としながらも、おおむね一五三〇年前後の時期以降、統合へ向けた動きが少しずつ見られはじめた。本章では、その時期と重なる十六世紀第二四半期に注目して、西日本を取り巻く海域の状況について概観する（なお、本章では年代表記が煩雑となるため、原則として西暦を用いる）。

十六世紀の日本列島は、「シルバーラッシュ」の時代を迎えたといわれる（本多二〇一五）。とりわけ十六世紀後半になると、日本列島各地で開発された鉱山から産出された銀が、中国大陸をはじめとする海外へ大量に輸出され、物流・交流の飛躍的な拡大をもたらし、東アジア海域や列島内部の社会や政治体制を大きく変貌させていく起爆剤となった。

日本列島からの産銀輸出において先駆的かつ中心的な役割を果たしたのは、大内《おおうち》氏分国の石見《いわみ》国邇《に》摩《ま》郡内で発見・開発された石見銀山（島根県大田市）であった。現在は世界遺産に登録されている石見銀山遺跡は、当初は仙ノ山《せんのやま》の露頭掘《ろとうぼり》・樋押掘《ひおしぼり》によって採掘され、のちには六谷《ろくたに》と総称された谷々のいたるところに多数の間歩《まぶ》（坑道）が開発されて、十六世紀後半〜十七世紀にかけて最盛期を迎えた銀鉱山の遺跡である。銀山六谷を見下ろす峻険な山吹《やまぶき》城は、銀山支配の拠点として激しい争乱の舞台ともなった。

45—石見銀山・山吹城跡

石見銀山の開発の経緯は、後世に作成された幾種類もの「銀山旧記《ぎんざんきゅうき》」に書かれているが、その内容は一様ではなく、事実ではないと思われる部分も多い。そのため、十六世紀段階の歴史的事実を知るための史料としては、「銀山旧記」のうち最も古い時期に成立したと思われる一五九六年（文禄五）三月二十日三島《みしま》与左衛門《よざえもん》覚書《おぼえがき》（島根県立図書館謄写本「おべに孫右衛門ゑんき」、高橋家所蔵「石州仁万郡佐摩村銀山之初」）をもとに論じる必要がある、と指摘されている（小林准士二〇〇三）。十六世紀末に原型が成立したと思われる三島与左衛門の覚書によれば、初期の石見銀山について次のように描かれている。

一五二七年（大永七）三月二十三日、出雲《いずも》国田儀《たぎ》（島根県出雲市）の三島清右衛門《せいえもん》が、出雲国杵築《きづき》（同上）の鷺《さぎ》銅山より大工を連れて来て山に入り、はじめて銀鉱石を採掘した（石見銀山の発見は大永六年のこととされることが多かったが、大永七年の可能性が高いとみられている）。大工は、吉《よし》田《だ》与三右衛門《よざえもん》・吉田藤左衛門《とうざえもん》・於紅孫右衛門《おべにまごえもん》の三名であったが、のちに於紅孫右衛門は殺害されて二名となった。現地で銀山の管理を担当したのは三島清右衛門と、博多の神屋寿禎《かみやじゆてい》（覚書には紙屋寿貞・飯屋寿貞と記されている。神屋運安《かずやす》の弟、神屋宗湛《そうたん》の曾祖父）の代官小田藤左衛門《おだとうざえもん》（のちの天文十六年度遣明船一号船船頭と同一人物とみられている）の二名で、銀鉱石を米銭で買い取って収取していた。

一五三三年（天文二）八月に博多の慶寿《けいじゆ》が来住し、現地での銀製錬が開始された。またそのころ、銀山大工両名が山口に赴き、大内氏家臣の青景隆著《あおかげたかあけ》・吉田興種《よしだおきたね》・飯田興秀《いいだおきひで》を取次役として、大内義隆《よしたか》より、吉田与三右衛門に大蔵丞《おおくらのじよう》、吉田藤左衛門（もしくは吉田又三郎《またさぶろう》）に采女丞《うねめのじよう》の官途《かんと》が遣わされ、毎年銀百枚ずつを納入することが定められた。

一五四〇年（天文九）、吉田采女丞は尼子《あまご》方に与したため郡山合戦《こおりやまかつせん》の敗北によって没落し、大工は吉田大蔵丞一名のみとなった。一五四四年（天文十三）に吉田大蔵丞が死去すると、入婿の正《まさ》重《しげ》が跡を嗣いだが、一五五一年（天文二十）に大内義隆が自害すると、正重は小笠原氏の命によって山吹城において切腹させられた。その後は陶氏が任命した房宗《ふさむね》が大工を務めた。

このように、三島与左衛門の覚書には、石見銀山の採掘がはじまった一五二七年（大永七）から、一五五五年（弘治元）に敗死した陶晴賢《すえはるかた》の時期までの経緯が記されていることがわかる。特に注目されるのは、石見銀山の開発に、博多の商人や技術者たちが大きな役割を果たしたと記されていることである。息浜《おきのはま》を除く博多と、石見国邇摩郡は、いずれも大内氏の支配領域内に属しており、博多と石見銀山が結びつくには十分な条件があったといえる。当初より大内氏が石見銀山の存在を認識していたことは、疑いのないところである。

また、現地製錬の開始以後に大内氏が直接的な支配を展開したと記されていることも、事実である可能性が高い。取次を務めたと記されている飯田興秀が、ほぼ十六世紀前半を通して大内氏の博多代官であったこと（佐伯一九八五）も、大内義隆が石見銀山と博多を密接に関連づけて把握しようとしたことを示している。

一五五一年（天文二十）に正重が自害させられたとの記述は、陶隆房《たかふさ》の挙兵に際し、銀山大工が最後まで大内氏当主（大内義隆）に従ったことを示している。また、銀山周辺に多くの所領を有した河《かわ》本温湯《もとぬくゆ》城の小笠原氏は、陶方に荷担したことをうかがわせている。この時代の銀山「大工」とは、採掘・製錬の技術統括者であるとともに、銀山全体の管理を担う存在であったと考えられる。一五二七年から一五五五年に至る大半の時期の石見銀山は、大内氏が銀山大工を介して直轄支配していたものと思われる。のちの時代に成立した「銀山旧記」のなかには、一五三一年（享禄四）から一五六〇年（永禄三）の間に小笠原氏が長期間支配したかのように記すものも多いが、大内氏が銀山支配に関与できない状態が長期におよんだ可能性は低いと推測される。

十六世紀段階においては、銀山を直接的に支配したという場合にも、定量納付や購入による銀の入手が基本であって、江戸幕府のような採掘銀の全量把握をめざす支配とはまったく異質なものと考え

46―生野銀山遺跡

られる。生産・搬出される銀（初期の段階では銀鉱石）の一定部分を収取しながら、銀山大工による管理統轄権を保障することが、十六世紀前半における銀山支配者の役割であった。

大内義隆と銀鉱山開発

但馬《たじま》国の生野《いくの》銀山（兵庫県朝来市）は、一五四二年（天文十一）二月上旬にはじめて「銀石」が掘り出されたと伝えられている（朝来市教育委員会蔵「銀山旧記」）。その後は石見銀山の技術を導入して開発が進められ、それは山名《やまな》惣領家（但馬山名氏）の山名祐豊《すけとよ》が主導したものとも伝えられている。それらが事実とするならば、但馬山名氏とも連携して尼子氏を追い詰めつつあった大内義隆がまったく関知していなかったとは考えにくい。

一五四五年（天文十四）に肥後《ひご》国球磨《くま》郡宮原《みやはる》で「銀石」が発見された。当時、大内義隆を介して相良氏のもとへ勅使として下向していた小槻伊治《おづきこれはる》は、山口において石見銀山から専門家を派遣する約束を取り付けている旨を相良義滋《さがらよししげ》（長唯《ながただ》）に伝えた。この時、小槻伊治の記した書状によれば、銀鉱石の所在は関係者のなかで「隠密」にされるべき事項であり、所領内で「クサリ（鏈）」（＝銀鉱石）が発見されれば相良氏にとって大変な幸運（「天下無双の奇妙」）であると述べている（「相良家文書」三九五）。

またその後、石見銀山から派遣された大工洞雲《とううん》が「但州石」よりも良質な銀鉱石であると鑑定して銀製錬を試み、相良義滋は「希代不思儀の奇特」と歓喜した（「相良家文書」四一七）。結局、宮原からの銀の産出は以後の史料にまったく見られないので、大きな銀鉱脈があったわけではなく、洞雲による鑑定結果を疑問視する見解も存在する。

以上の事実は、一五四五年以前に「但州石」（おそらくは生野銀山の銀鉱石）がすでに採掘されていたこと、石見銀山の大工が当時の銀生産技術の水準を担う存在と認識されていたこと、この時期の銀鉱山開発が大内氏とのつながりのなかで展開されようとしていたことを、明示している。

産銀輸出のはじまり

石見銀山から産出された銀は、早い段階から博多・対馬《つしま》・朝鮮半島・遼東《りようとう》半島を介して中国大陸に向けて流れはじめた。すでに一五二八年（中宗二十三、享禄元）には、朝鮮において日本産銀鉱石を原料に銀が密かに製錬されていたという（村井一九九七）。従来は日本への輸入品であった銀が、逆に日本列島から大陸へ向けて流出しはじめた要因は、十五世紀以来、明《みん》朝の基軸通貨（国家的支払手段）が銅銭から銀へと転換してゆき、中国大陸内部に裾野の広い大きな需要が生じていたためである（岸本二〇一三）。

明朝から銀の供出を求められることを避けるため、朝鮮王朝は銀の購入や国外持ち出しを禁止する方針であったが、日本銀の流入を防ぐことはできなかった。一五三八年（中宗三十三、天文七）、少弐《しように》氏名義の使節が綿布を得るため三百七十五斤《きん》（約二百二十五キロ）もの銀を持ち込んだ際、朝鮮王朝は結局その三分の一を買い取った。一五四二年（中宗三十七、天文十一）に、博多聖福寺《しょうふくじ》の幻住派僧安心を使者とする偽日本国王使が八万両（約三トン）もの銀を持ち込んで公貿易を求めた際にも、激論のすえ結局その三分の二を購入させられている。王府官僚の監察を担った司憲府《サホンブ》は、「日本で銀を造りはじめてまだ十年に満たないのに、朝鮮国内に銀が流布してもはやありふれたものと化している」と述べて現状を嘆いている（『中宗実録』）。一五三〇年代からの朝鮮王朝は、日本銀の輸入圧力に抗しきれず、中国大陸へ向けた押し止めがたい銀の流れに翻弄されていった。

諸種の「銀山旧記」が一致して一五三三年（天文二）のこととしている石見銀山における銀製錬の開始は、朝鮮半島から密かに導入された灰吹法《はいふきほう》（含銀鉛を融解し灰に鉛を吸収させて純度の高い銀を精製する技術）によるものといわれている。一五三三年という年次は、一五四二年段階で十年未満とした朝鮮王朝司憲府当局の述懐と一致しているといえる。一五三九年（中宗三十四、天文八）に、朝鮮において日本産含銀鉛を原料に銀を精製していた柳緒宗が、その技術を倭人に漏らした罪を問われた（『中宗実録』）ように、朝鮮通交に積極的な博多の商人・技術者たちが機密の技術習得に執念を燃やしたとしても、何ら不思議なことではない。

一五三〇年代の対馬島内が統合に向けて動きはじめたこと（第六章1）も、こうした物流の変化に影響を受けたものである可能性が高い。対馬宗氏と大内義隆との親密な交信は、この時期の両者が何に着目していたのかをうかがわせている。

2　海域の変貌

東アジアに生み出された銀の流れは、明の密貿易商人たちを日本近海に誘引していった。

密貿易海商と日本列島

一五三四年（嘉靖十三、天文三）、明から新琉球国王の尚清《しょうせい》へ派遣された冊封《さくほう》正使陳侃《ちんかん》は、閩《びん》人（福建《ふっけん》人）の従者たちを率いて、先例どおり福建省の港を出港し、那覇《なは》に滞在した。その折に尚清は、「狡猾《こうかつ》な日本人が滞在して油断することができない」と述べて、那覇に来る日本人への強い警戒感を表明している（『使琉球録《しりゅうきゅうろく》』）。遅参の理由を説明した言葉ではあるが、意図的な意志表示である可能性も想定される。第一章でもふれたように、尚真の時代とは異なり、周辺海域における日本商人を含む外来勢力の活動が琉球王国にとっての脅威となりはじめていたことをうかがわせている。

これより三十年ほどのちに鄭舜功《ていしゅんこう》が記したところによれば、この時の従者たちが、日本の僧侶から薦められた日本商人との交易で大きな利益を得て帰国したため、以後これを聞いた福建商人たちが密貿易を行うため次々と日本（平戸《ひらど》など）へ行くようになったという（『日本一鑑《にほんいっかん》』「窮河話海」）。ちなみに、尚清が島津《しまづ》奥州家《おうしゅうけ》から今岡通詮《いまおかみちあき》の琉球渡航計画について通報を受けたのは、同じ天文三年のことである（第一章1）。

閩人と日本商人は、すでに十五世紀から那覇に多数滞在していたと考えられる。にもかかわらず、この時期に至って高い利益をもたらす取引関係が突如出現し、琉球国王が警戒感を示していることは、琉球をめざす日本商人と琉球王国との関係が変化し、またそれまでとは取引される商品が異なっていることをうかがわせている。

同時代史料によって裏づけることの難しい事例がほとんどではあるが、一五三九年に周防《すおう》国に来着した「明船」（『続本朝通鑑《ぞくほんちょうつがん》』）、一五四〇年に種子《たねが》島《しま》竹崎浦に漂来した「唐船」（『種子島家譜』）、一五四一年に豊後《ぶんご》府《ふ》内《ない》の外港神宮寺浦に来着した「明人」二八〇人（『豊薩軍記《ほうさつぐんき》』）、一五四二年に肥前《ひぜん》国平戸へ入港した「明船」（『新豊寺年代記』）、同年に那覇に来航して紛争（陳貴《ちんき》事件）を引き起こした福建省漳《しょう》州《しゅう》の陳貴と広東《カントン》省潮州《ちょうしゅう》府潮陽県の船（『明実録』）などは、いずれも明朝の許可なく日本近海に現れはじめた中国ジャンク船の断片的な事例であると推測される（田中一九九七、上里二〇一二）。一五四三年には、豊後国に「明船」五艘が着津（『豊薩軍記』）し、日向《ひゅうが》国の浦々には一七艘もの「唐船」が着津（『日向記』）したと伝えられている。当時の豊後国府内には、酒売商人から身を立てた仲屋《なかや》顕通《けんつう》という豪商がいて、着岸した外国船が京・堺などの商人と取り引きをする際に、彼の持つ秤《はかり》を使って商品の代銀を計量する商慣行がすでに成立していたという（鹿毛二〇一三）。仲屋顕通は、秤量貨幣である銀の流通に不可欠な「計屋《はかりや》」としての役割を果たしていたとみられる。一五三七〜三八年に、土佐《とさ》一《いち》条氏《じょうし》が本願寺《ほんがんじ》・堺商人・雑賀《さいか》門徒と連携して建造した「唐船」（第六章2）も、東アジア海域のいずれかの場所で、明の密貿易海商などとの直接的な取引をめざしたものと推測される。このようにして東アジア海域を行き交った日本や中国大陸の人々は、いずれも明朝のいう「倭寇《わこう》」の実態的な姿にほかならなかった。そして、まさにその一環として、種子島に鉄炮がもたらされた。

大内氏と琉球王国

朝鮮半島に偽日本国王使が八万両もの銀を持ち込み、但馬国では生野銀山が開発されたころ、大内氏から琉球王国に次のような書状が送られた（「中川文書」）。

きっと申し候、薩州種子島より、貴国□これを相企てるにより、既に出船の間に候、事実においては奸曲の儀是非におよばず候、彼の船の事、貴国に留め置かれ、御注進に預かるべく候、自然出奔においては悉皆結構たるべく候、彼の船討ち捕らるべきため、兵船相催され候の条、もし相留めらるるの御左右無ければ、件の兵船、貴国に至り馳せ向かうべく候、御心得のため巨細演説せしめ候、恐々謹言、

天文十一年（一五四二）八月八日　相良遠江守（武任）（花押）

琉球国奈波□

相良武任《たけとう》は、琉球王国の那覇奉行に対して、「種子島から出航した船を、琉球王国で抑留し、大内氏へ報告してもらいたい。その船を討ち捕るために大内義隆が兵船を派遣されたので、もしも琉球王国から拿捕《だほ》したとの連絡がない場合には、大内氏の兵船は琉球王国へ馳せ向かうことになるだろう」と述べている。

一五四二年（天文十一）当時の種子島氏は、当主の種子島恵時が、種子島時述（恵時の弟）・種子島時堯《たか》（恵時の子）と対立して分裂していた（新名二〇一七）。従来、大内氏は島津豊州家や種子島氏を足がかりとして、琉球王国との交流を図ってきた。一五二七年（大永七）に明朝との関係改善のため琉球王国を頼ったことは、第一章においてもふれたところである。しかし、南九州の情勢と海域の状況はこの時期に大きく様変わりしつつあった。

島津豊州家の島津忠朝《ただとも》は一五四〇年（天文九）に没し長男忠広《ただひろ》が家督を嗣《つ》いでいた。一五四二年当時は島津貴久《たかひさ》を支持する樺山善久《かばやまよしひさ》の大隅《おおすみ》国生別府《おいのべつぷ》城を攻撃中であったが、一五四五年に至りついに貴久のもとへ帰順した。いっぽう、日向国では、飫肥《おび》への侵攻を図る伊藤義祐《いとうよしすけ》の圧力が強まっていった。油津《あぶらつ》などの要港を拠点に、遣明船派遣や琉球との通交を支え、多角的な交流を基盤に島津氏分国に独特な位置を占めた島津豊州家も、その立場を大きく変えつつあったのである。

相良武任の書状は大内氏が出雲国遠征の途上にある時期に発せられたものであるが、同時に琉球へ向けた兵船の派遣も指示していたことがわかる。大内氏の軍勢は、備後・出雲国境の赤穴《あかな》城を攻略して、すでに出雲国内に侵入しており、尼子氏の討滅に向けた戦況は圧倒的に優勢であった。前年にともかくも朝貢儀礼を完了した遣明船が帰国したことも大きな背景となった可能性があるとはいえ、相良武任の主導する大内氏の外交政策が、琉球王国や種子島氏に対し強硬で威圧的なものとなっていたことを示している。それはむしろ、種子島氏・島津豊州家に依拠した琉球・大陸との交渉が困難をきたし、海域全体において旧来の外交秩序では通用しない状況がますます拡大したことの反映である可能性が高く、大内氏が直面しはじめた課題の重さを暗示している。

鉄炮伝来

ポルトガルは、一五一一年にマラッカを占領して東南アジア海域へ足を踏み入れ、アユタヤやモルッカ諸島に到達した。一五一三年には広州湾《こうしゅうわん》に到達し、一五一七年に国王使節アンドラーデが広東から北京《ペキン》に向かい、明朝との公式通商を要請した。しかし一五二〇年（正徳十五）、明の正徳帝に拒絶されて公式な通商関係を結ぶことはできなかった。そのため、やがて中国の密貿易海商たちと結びついていく。

のちに鄭舜功が述べたところに従えば、一五二六年（嘉靖五）、脱獄した鄧獠が浙江《せっこう》海域を舞台に活動しはじめたころから密貿易海商の動きが活発化し、やがて一五四〇年（嘉靖十九）には許棟《きょとう》をはじめとする安徽《あんき》省徽州《きしゅう》出身の許兄弟がこの海域にポルトガル人を招き入れたという（『日本一鑑』）。許棟の配下に属していくことになる王直《おうちょく》（五峰《ごほう》）も、安徽省徽州出身であったと伝えられる。人望が篤く知略に秀でた人物で、一五四〇年に同志とともに広東へ行って巨船を造り、日本やシャム（タイ）など各地に赴いて広域的な商業活動を展開し、巨万の富を得たという（『籌海図編《ちゅうかいずへん》』「大捷考」）。

一五四二年（天文十一）もしくは一五四三年（天文十二）のいずれかの年、王直の船は種子島に漂着した。領主の種子島時堯は、その船に乗って来たポルトガル人の鉄炮を、大金を支払って購入した。そして翌年に再度来航したポルトガル人から、鉄炮生産技術（砲底を塞ぐ技術）を習得し、国産化がはじまった（鉄炮伝来）。

その時もたらされた鉄炮については、東南アジアなどで現地生産された頬付け式瞬発式火縄銃とみられている。それを、当時のヨーロッパから見て時代遅れの鉄炮とみる説（宇田川一九九三）もあるが、近年の研究によれば、ヨーロッパでも広く使われていたものとみられている（中島楽章二〇一三）。

鉄炮伝来の年次が曖昧であるのは史料が限られているためであり、それぞれの年次を支持するさまざまな議論が交わされているが、まだ確定されるには至っていない。

一五四二年に伝来したというとらえ方は、ポルトガルのモルッカ総督アントニオ・ガルバン著『世界発見記』（一五六三年）や、イスパニア商人ガルシア・デ・エスカランテ・アルバラードが記した報告書（一五四八年）などヨーロッパ史料を中心的な根拠とする。一五四二年、ポルトガル船から抜け出したアントニオ・ダ・モタ、フランシスコ・ゼイモト、アントニオ・ペイショットが、ジャンク船に乗り込んで双嶼《リャンポー》をめざし、暴風によってジャポンエス（あるいはレキオス〈琉球〉）に漂着した、という趣旨が書かれている。ただし、当時のヨーロッパ人にとって、日本列島から台湾にかけての地理情報は皆無に等しく、漂着地「ジャポンエス」「レキオス」が具体的にどこを指すのか定かではなく、また鉄炮に関する記述があるわけでもない。

いっぽう、一五四三年に伝来したというとらえ方は、日本側の史料である文之玄昌《ぶんしげんしょう》『鉄炮記』（『南《なん》浦文集《ぽぶんしゅう》』巻一、一六〇六年）を中心的な論拠とするものである。「大明儒生五峯（王直）」やポルトガル人の「牟良叔舎（フランシスコ）」「喜利志多侘孟太（キリシタダモウタ）」など百余名が乗船する大船が、天文十二年（一五四三）八月二十五日に漂着したと記しており、鉄炮の購入と、翌年からの鉄炮製造について、経緯を述べている。ただし、六十年以上のちの記述である。

多岐におよぶ両説の論点（関二〇一五）にはここでは立ち入らないが、鉄炮伝来の年次がいずれであったとしても、それをもたらした最も大きな要因が、王直をはじめとする中国の密貿易海商の広域的な活動にあったことは間違いない。

鉄炮伝来については、多様な鉄炮が倭寇によって西日本各地に伝来したとみる見解（宇田川一九九三）もあるが、種子島への鉄炮伝来の画期性をあらためて重視する説が有力である（村井二〇一三、関二〇一八）。鉄炮伝来以前に「火器」が存在した事実については、北宋《ほくそう》時代に発明されたものが、前期倭寇（十四世紀後半〜十五世紀初期）の時代から周辺諸国へ普及し、倭人もそれを希求したが、戦術の違いや、火薬原料の硝石《しょうせき》（焔硝《えんしょう》・塩硝）を調達できなかったことにより、日本では普及しなかったとみられている（中島楽章二〇一三）。鉄炮伝来の重要性は、西洋式火器そのものの生産・実用化だけではなく、密貿易海商の活発な活動を通して、日本列島では産出されない天然硝石が供給されはじめたことにあるといえる。

後期倭寇の拠点と日本列島

明の密貿易海商の拠点としては、浙江省東北部海域の舟山群島《しゅうざん》と、福建省沿岸地域(とりわけ漳州)が、特に重要であったと考えられる。

寧波《ニンポー》の東方海上に広がる舟山群島は、杭州湾の入口に展開する東シナ海最大の要衝であった。これより北の大陸沿岸は、当時は山東半島の南側に河口があった黄河《こうが》のもたらす膨大な黄土により、喫水の深い遠洋航海船の航行には適さなかった。舟山群島は五島《ごとう》列島まで約六百キロを隔てているとはいえ、明の領土のなかで九州から最も近い陸地でもあった。一五四三年、許棟は舟山群島の南部の双嶼を本拠とした。一五四四年、王直も本拠をシャムから双嶼に移し、許棟の配下に属した。

台湾海峡に面した福建省周辺沿岸地域には、福州・泉州・漳州をはじめとするすぐれた港湾を有する都市が多く、密貿易海商の重要な拠点となっていった。既述のように、『日本一鑑』には、一五三四年の冊封琉球使随員の福建人たちによってもたらされた情報が、密貿易海商による活発な日本渡航の契機となったと記されている。一五四四年(中宗三十九、天文十三)、朝鮮半島の西側海上を航行する謎の異国船(「荒唐大船」)が朝鮮王朝に拿捕されたが、乗員に対する尋問により、この船には福建人が乗り組み、日本において銀を買うためにこの海域を通過しようとしていたことが判明した(『中宗実録』)。これ以降、朝鮮半島周辺には同様の不審船(「荒唐船」)が頻繁に行き来するようになり、一五四七年には三百四十一人もの福建の密貿易商が漂着した。福建商人たちは、日本商人・ポルトガル人と渾然一体となりながら、日本銀を大陸へもたらし、漳州地域で鋳造された大量の私鋳銭《しちゅうせん》を日本列島へ送り込んだ（中島楽章二〇一二）。

どこから来たかは特定できないが、一五四四年（天文十三）に薩摩国阿久根《あくね》に来着した「唐舟」（『八代日記』）、一五四五年、豊後国天草の大矢野に来着した「唐舟」（同上）、豊後国府内近くの港にポルトガル人を乗せて渡来したジャンク船（「イエズス会日本報告書」）など（田中一九九七）は、いずれも同様な密貿易海商たちによる広域的活動の断片であると思われる。その着岸の範囲は、一五四七年には大坂本願寺（『天文日記』）、一五四九年には伊勢国にまで広がっていく（『松木氏年代記』）。大友義鎮《おおともよししげ》（宗麟《そうりん》）は、十六歳の時（一五四五年）に豊後国へ来航したジャンク船に乗船していたポルトガル人が神に祈る姿に接し、強い関心を抱いたことを、後年述懐している（八木二〇一二）。そして一五四九年にフランシスコ・ザビエルを鹿児島へ連れてきたのも、やはり中国のジャンク船であった。

キリスト教の伝来

イエズス会宣教師のフランシスコ・ザビエルは、一五四七年に、マラッカにおいて日本人アンジロー（またはヤジロー）と出会い、将来の日本への布教に強い意欲を抱きはじめた。アンジローは、鹿児島の海商であった（岸野二〇〇一）。一五四九年八月、ザビエルはアンジローたちとともに鹿児島へ上陸した。鹿児島では島津貴久の許可を得て約一年間布教を進めたが、貴久が禁教を命じたため一五五〇年に鹿児島を出て平戸へ向かい、松浦隆信《まつらたかのぶ》に迎えられた。次いで山口へ向かい、同年十一月（天文十九年十月）ごろに大内義隆と面会した。

47—山口大道寺にて僧侶と討論するフランシスコ・ザビエル（アンドレ・レイノーゾ作、17世紀、リスボン、サン・ロケ教会）

ザビエルの一行は、別室や廊下に大内氏家臣や公家たち多数が控えるなか、謁見用の一室に招き入れられ大内義隆に拝謁した。ザビエルに随従した修道士フェルナンデスは、多少の日本語を理解できたといわれているが、彼によれば、義隆は会談当初は快活であったが、日本人の風習を批判する説教を聞いて気分を害し、ついに布教の許可も与えないまま一行を退室させたという（福尾一九五九）。

ザビエルは、一か月ほど滞在したのちに山口を立ち、堺・京都へ向かった。翌一五五一年、京都で十一日間滞在した後、同年四月初めごろ（天文二十年三月ごろ）再び山口へ下向して大内義隆に謁見した。今度は、教皇大使として美しい正装に身を固め、インド総督書状とゴア司教教皇大使信任状を携えるとともに、大時計・オルゴール・老眼鏡・望遠鏡・緞子《どんす》・鏡など、日本では入手困難な品々を贈物として持参した。京都での布教を断念したザビエルが、大内氏に強い期待を寄せたことを示している。大内義隆は大いに喜び、今度は布教の許可を与えるとともに、居所・説教所（大道寺《だいどうじ》）を与えたという。ザビエルは、山口に半年間ほど滞在して布教を進めたのち、大友義鎮の熱心な招きに応じて豊後国へ下り、懇切な歓待を受けたのち、同年十一月（天文二十年十月）に日本を離れた。二年におよぶ滞在中約七〇〇人に洗礼を施したが、その大半は山口での入信者であったという。しかし、陶隆房の挙兵によって大内義隆が死去するのは、ザビエルが山口を離れてまもなくのことである。

3　嘉靖の大倭寇

大友氏・相良氏の遣明船

一五四四年（天文十三）前後のことと思われるが、三艘の船が順次に種子島を出帆した。『鉄炮記』に「新貢の三大船」（あるいは「三貢船」）、『日本一鑑』に「貢使」と記された船団である。このうち、一号船（使者清梁）・二号船（使者寿光）は大友氏、三号船は相良氏の経営船と推定されている。大友氏と相良氏の認識としては、紛れもない遣明船の派遣である。しかし、寧波まで到達できた二号船は、「十年一貢」原則に反するとして朝貢を認められず、行き先を双嶼に転じて密貿易に携わったと思われる。三号船は、早期に入貢を断念したものか、やはり密貿易に携わったとみられる（鹿毛二〇一五）。

一五四五年、帰路に就いた二号船に乗船して九州の地を踏んだ王直は、再び双嶼へ戻る際に「博多《はかた》津《づ》倭助才門《わのすけざいもん》（助左衛門）」を連れ帰った。『籌海図編』や『日本一鑑』は、これ以後、日本商人もこの海域を頻繁に往来するようになり、嘉靖《かせい》の大倭寇《だいわこう》を引き起こす原因になったと記している。

王直は、翌一五四六年にも日本を訪れた。この年、一号船がようやく明に到達したが、やはり貢期違反を理由に受け容れられなかった。

猛威を振るう倭寇

一五四八年（嘉靖二十七）、明の浙江巡撫朱紈《しゅがん》が双嶼を襲撃して許棟を捕縛し、港湾を破壊して密貿易集団の最大の拠点を壊滅させた。密貿易海商の活動が活発化したことにより、明の海禁政策がいよいよ解体の危機に瀕していたからである。しかし双嶼の制圧によって倭寇の活動拠点は拡散し、活動範囲はむしろ中国東南沿岸一帯においていっそう拡大していった。ザビエルが鹿児島に上陸したのは、このような時期のことである。

一五五一年、王直は同じ舟山群島の烈港を新たな拠点とする。王直は、許棟に代わって倭寇の大頭目と目されるようになり、明朝からは倭寇の制御にも期待を寄せられる存在であった。しかし、東アジア海域を大きく変貌させていった時代の流れは、最大の密貿易海商に成長した王直といえども統制できるようなものではなかったと考えられる。

一五五三年、明の官軍が烈港を掃討し、王直は逃走して平戸・五島を拠点に活動しはじめる。明朝による一連の弾圧政策は、密貿易海商をはじめとする海域の諸集団を暴徒化させていく契機となった。王直の配下と自称する雑多な諸勢力が中国大陸沿岸部のいたるところで掠奪行為を繰り広げた。その状況は一五五三〜五七年ごろに最も激化し、後期倭寇が最盛期を迎えた（嘉靖の大倭寇）。王直の配下から自立して独自な倭寇集団を形成した徐海《じょかい》は、薩摩・大隅を拠点に江蘇・浙江の諸都市を荒らし回った。一五五四年、肥後国相良晴広《はるひろ》が「市木丸」を艤装して遣明船を派遣しているが、入貢の形跡はなく、「大明国に渡って、雑物を追補して帰朝す」（『八代日記』）と記されたように倭寇的な密貿易活動が主目的であった可能性が高い。一五五五年に倭寇が朝鮮半島の全羅道沿岸を襲撃し（達梁倭変《たつりようわへん》、第六章1）、一五五六年には中国沿岸で明の官軍に敗れた倭寇が琉球に現れ、琉球国王によって撃退された（『明世宗実録』『歴代宝案《れきだいほうあん》』）。

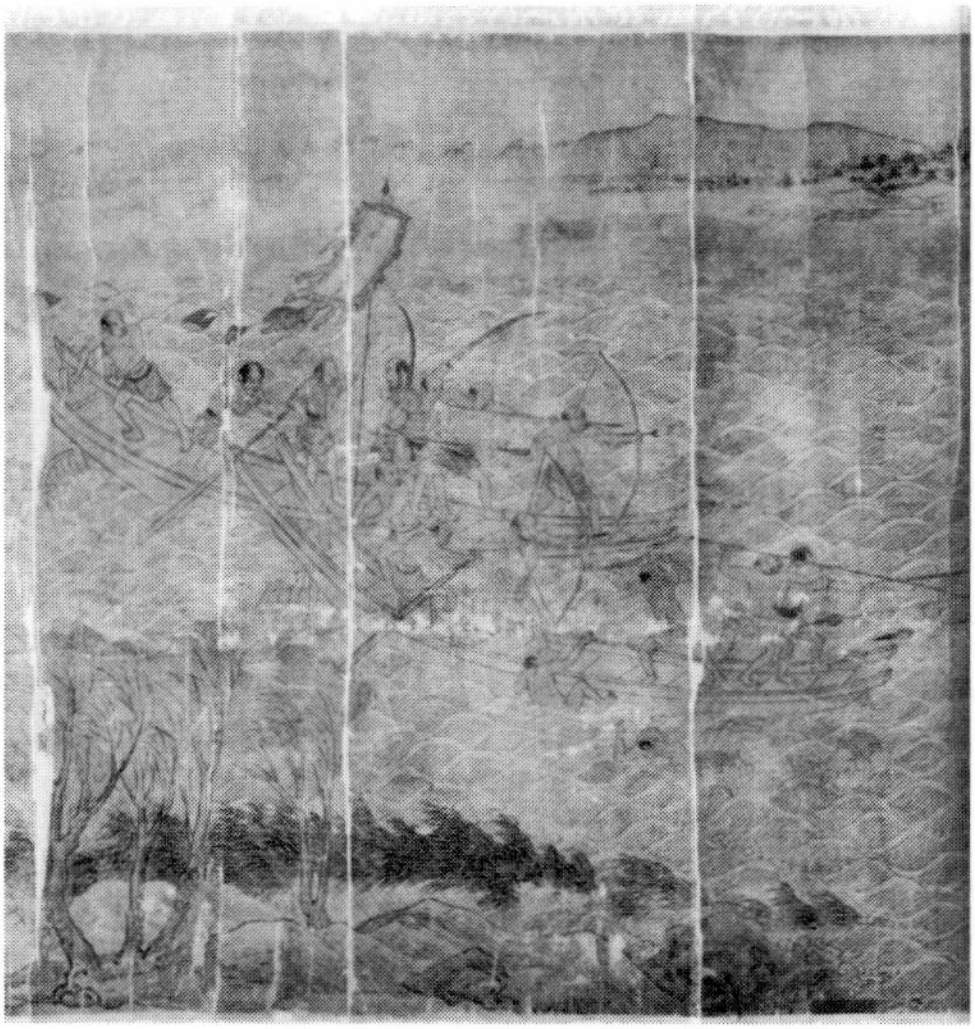

48―「抗倭図巻」（中国国家博物館所蔵）

明初体制の崩壊

一五五五年、倭寇対策のため、明の浙江総督楊宜《ようぎ》が鄭舜功を派遣し、琉球経由で豊後に至り、

49—日本国王之印（毛利博物館所蔵）

翌一五五六年に帰国した。鄭舜功を乗せて帰国させたのは大友義鎮の遣明船（使者清授）であったが、明朝は貢期違反を理由にその入貢を認めなかった。のちに鄭舜功は、この時の日本における見聞をもとに『日本一鑑』を著した。

一五五六年、明の浙江総督胡宗憲《こそうけん》が蔣洲《しょうしゅう》らを日本へ派遣し、王直の招撫をはかった。王直は蔣洲の説得に応じ、明朝が公貿易を認可するという胡宗憲の言葉を信じて、投降を決断した。

一五五七年、王直は、蔣洲や、大友義鎮の使僧（徳陽・善妙）とともに、「巨舟」に乗って舟山本島西側の岑港《しんこう》に入ったが、そこで官憲に捕縛されてしまう。胡宗憲がいう貿易公許とは、王直を捕らえるための欺計にすぎなかった。この「巨舟」は大友氏が明に貿易の公許を期待して派遣した遣明船であったが、入貢を認められなかっただけでなく、「倭寇」とみなされて明の官軍によって火を放たれた。

大内義長《よしなが》（大友義鎮の実弟）が、模造の木製「日本国王印」（毛利博物館所蔵）によって一五五六年に派遣した遣明船も、大友氏の「巨舟」と同様に入貢をめざしたが、やはり貢期違反として明朝には受け容れられなかった。一五五八年に熙春龍喜《きしゅんりゅうき》を使者として周防国から派遣された遣明船も、同様の処遇を受けた。それらの多くが、その後、中国大陸沿岸地域において倭寇的な密貿易活動を展開したとみられる（鹿毛二〇〇六）。十六世紀中葉に西日本各地から派遣された「遣明船」は、大内義隆の天文十六年度遣明船を除き、いずれも明朝によって「倭寇」とみなされただけでなく、容易に密貿易活動に転進できる実態を色濃く併せ持っていたのである。

捕らえられた王直は、のちに斬首された。このころから舟山群島を根拠地とする倭寇の猛威は沈静化に向かいはじめ、福建省・広東省を中心とする倭寇の活動が目立つようになる。しかし、一五六一年に漳州の沿海部（九龍江河口周辺海域）の在地勢力が倭寇勢力と結んで反乱を起こし（月港二十四将の乱）、一五六四年に鎮圧されたため、この海域の倭寇の活動も沈静化していった。これにより漳州からの私鋳銭供給が途絶えた西日本では、まもなく銭遣《ぜにづか》いから米遣《こめづか》いへの転換を余儀なくされて、のちの石高制《こくだかせい》の基盤になったとも指摘されている（中島楽章二〇一二）。いっぽう、倭寇の根絶をはかるため、やがて明朝は海禁政策の緩和を余儀なくされていく。

このようにして、東アジア海域は十六世紀中葉を境に新たな時代に入ってゆき、明の海商・倭人・ポルトガル人など多様な人々が入り乱れ、さらに活発な商業活動が展開されていった。

海域の変動と西日本社会――エピローグ

分裂から統合へ

本書で取り上げた西日本各地の情勢を見ると、十六世紀の第一四半期は分裂・抗争が最も深刻化した時期であったことがわかる。それは、明応《めいおう》の政変《せいへん》による将軍家の分裂、足利義稙《あしかがよしたね》・大内義興《おおうちよしおき》と足利義澄《よしずみ》・細川政元《ほそかわまさもと》による御内書《ごないしょ》・副状《そえじょう》の発給、および大内義興の上洛と足利義稙政権への参画を契機として、広範囲に無数の分断や抗争の火種が生み出されたことによって、さらに混迷の度を深めたものと考えられる。

そのいっぽうで、十六世紀第二四半期の西日本各地における動向のなかには、流動的で不安定なものではあっても、自立的な広域的連携を背景にそれぞれにまとまりを持つ勢力へと拡大する事例がいくつも確認され、統合へ向けた胎動が見られはじめた。それは、ほぼ大内義隆《よしたか》が家督の地位にあった時期に重なっている。

このような変化が、なぜ生じたのか。要因は一つではないと考えられるが、本書において着目した大内氏の動向と海域の状況は、いずれもそのような情勢の変化と密接に関わっていた可能性が高い。

そのことをいま一度確認して、本書のまとめとしたい。

連携と自立化の拡大

十六世紀前半の大内氏が下したさまざまな政治的決断のなかで、西日本全体に大きな影響をおよぼしたものとして特に注目されるのは、享禄年間（一五二八〜三二）前後から具体化された新たな方針への転換である（第四章・第五章）。

なかでも家督継承直後の大内義隆は、九州への強い関心と意欲を示して、尼子《あまご》氏・安芸《あき》武田《たけだ》氏との停戦合意を取り付け、分国東側に向けた軍事行動を取りやめただけでなく、塩冶《えんや》氏反乱に苦しむ尼子経久《つねひさ》を救済して、結果的に尼子氏の基盤強化を援け、その後の尼子氏の拡大についても長らく黙認し続けた（第五章1）。西へ向かう大内氏の策動に危機感を深めた大友義鑑《おおともよしあき》は、将軍足利義晴《よしはる》への忠節を論拠として大内氏包囲網を形成し、戦端を開いた。いっぽうの大内義隆は、幕府・将軍との関係をことさら標榜するのではなく、反少弐《しょうに》氏・反大友氏の多様な勢力を独自に形成・糾合して、九州における大内氏支持勢力の拡大をはかった（第四章1）。大内義隆がめざしたものは、筑前国博多をはじめとする北部九州と周辺海域の確実な掌握であり、その障壁となる可能性を秘めた少弐氏の最終的な排除であったと推測される（第四章3）。

十六世紀初頭に出雲《いずも》国守護《しゅご》代《だい》であった尼子氏と、多数の守護分国を管轄していた大内氏との間には、名実ともに隔絶された格差があった。したがって、尼子氏が大内氏と相拮抗しうるような状況は、天文年間前半（一五三二〜四一ごろ）の尼子経久が、山名《やまな》氏・赤松《あかまつ》氏分国へ向けて急激な拡大をめざしたことによって、はじめて実現可能であったと考えられる（第五章3）。大内氏・尼子氏の二大陣営は、実際には短期間かつ不安定・不均質な対立軸ではあったものの、畿内・四国・北部九州の一部の（しかし重要な）勢力を巻き込む広域的な連携であり、十六世紀第二四半期の政治的動向を象徴するような現象であったといえる。あくまでも一時的な現象とはいえ、尼子氏は、大内氏支持勢力と対立する諸勢力を糾合しうる独自な役割を担う存在として周囲から期待され、それゆえに大内氏よる本格的な出雲国侵攻を天文十二年（一五四三）に跳ね返すことができたものと思われる。そのような事態は明らかに大内氏の思惑に反するものであり、尼子氏の拡大を黙認し続けた大内義隆の判断が大内氏衰退の遠因であることに変わりはないが、享禄年間の大内氏は、結果的に新たな状況を創り出す主要な役割を果たしたのである。

重要と思われるのは、対馬宗《つしまそう》氏、肥後相良《ひごさがら》氏、平戸《ひらど》松浦氏、龍造寺《りゅうぞうじ》氏、能島村上《のしまむらかみ》氏、土佐一条《とさいちじょう》氏、安芸毛利《もうり》氏など、大内氏支持勢力のなかから、十六世紀後半の統合へ向けた新たな動向を担う存在が数多く現れていることである（第六章）。彼らの多くは天下一統の過程においてさらに淘汰されていったが、大内氏支持勢力とはいえない島津貴久《しまづたかひさ》・伊東義祐《いとうよしすけ》・長宗我部《ちょうそかべ》国親《くにちか》などによる拡大を含む全体的な動向を生み出した契機として、大内義隆による大内氏支持勢力拡大の動き（およびそれらに対抗して尼子氏に期待を寄せた広域的連携）が果たした役割には、特に注目しておく必要があるのではないかと思われる。

海域の変化と大内氏の滅亡

統合へ向けた胎動が見られはじめた十六世紀第二四半期は、東アジア海域の状況が大きく変化していった時期にあたっている。

天文三年（一五三四）、福建商人が日本商人との新たな取引によって高い利潤が期待できることを察知して以降、多くのジャンク船が九州各地に着岸しはじめた（第七章2）。それらは、鉄炮やキリスト教をもたらしただけでなく、中国の密貿易海商と日本商人の活発な活動により東アジア海域を大きく変貌させていった。十六世紀第二四半期は、「嘉靖《かせい》の大倭寇《だいわこう》」に至る「後期倭寇」の全盛期であった。

遠隔地からの船が九州のいたるところに着岸するような新たな海域の状況は、西日本各地の諸領主に新たな対応を迫ることとなり、琉球王国の求心性も徐々に後退していった。年未詳四月二十日陶晴《すえはる》賢《かた》書状案（「大願寺文書」）において、大内義長・陶晴賢が、薩摩《さつま》と堺《さかい》を往復する京・堺の諸商人から厳島《いつくしま》において徴収していた「駄別《だべつ》料」を停止せざるをえなかったのは、そのような課税が大内氏分国の経済振興の妨げになるほど、流通経路の選択肢が拡大していたことをうかがわせている。また、天文二十一年七月十一日大内氏家臣連署奉書写（「大賀家文書」）によれば、十五世紀から大内氏が徴収してきた「分国中津々浦々諸関役」を納めない船舶が多数におよんでいると述べている。十六世紀半ばになると、大内氏も周辺海域の統制に苦慮する新たな状況に直面していたことがわかる。

独自な流通統制の必要性に迫られた列島各地の諸勢力は、広域的な流通構造に対応できるだけの支配領域の拡大や確保、および広域的連携を求めていったと考えられる。宗晴康《はるやす》を中心に統合へ向かいはじめた対馬の動向、油津《あぶらつ》・外之浦《とのうら》を基盤に独自な立場を維持してきた島津豊州家《ほうしゅうけ》の島津貴久への帰順、日向灘《ひゅうがなだ》周辺における要港の掌握をめざした伊東義祐の勢力拡大、相良氏の倭寇的活動と三郡支配の強化、龍造寺氏の少弐氏からの自立（以上は第六章1）、瀬戸内海賊衆の勢力拡大、南海路の要衝を抑えた土佐一条氏による婚姻関係の展開と基盤の拡大（第六章2）、安芸・備後《びんご》・石見《いわみ》の諸領主が毛利氏とともに拡大をはかっていったこと（第六章3）などは、いずれもそのことを示す事実と考えられる。統合への胎動は、構造的な背景として海域の変化から大きな影響を受けていた可能性が高い。

このような海域の変化は、大内氏の存立基盤に深刻な打撃を与えていった。

大内氏は、早くから朝鮮通交や遣明船派遣に携わり、また寧波《ニンポー》の乱《らん》によって失われた明朝からの信頼を取り戻すことに苦心した。大内義隆の側近くに、和漢の有職故実《ゆうそくこじつ》・外交儀礼・書札礼《しょさつれい》などに造詣の深い知識人たちが集まっていった理由の一つであると思われる。公卿・官人・禅僧たちや、相良武《たけ》任《とう》をはじめとする側近層には、そのような人物が多数含まれていたと思われる。後世、「文治派《ぶんち》」と見なされた人々である。

しかし十六世紀第二四半期になると、そのような旧来の外交や貿易の形態では、もはや「後期倭寇」に代表される新たな海域の状況に対応できず、儀礼の有職故実をいくら修得したとしても、その意義に確信を持てない時代に入っていった。そして出雲国遠征の失敗は大内氏に大きな衝撃を与え、内部に強い危機意識が生み出された。後世、「武断派《ぶだん》」と見なされた大内氏家臣たちの眼には、時代錯誤的な色合いを深めて現実から乖離していった大内義隆と側近層や公家たちが、大内氏を窮地に陥れる元凶として映し出されていった（第六章3）。

しかし、そもそも大内氏は、崩れつつある旧来の外交秩序（冊封《さくほう》体制や朝鮮通交）に深く参入し、琉球王国の隆盛などによる南海路の活況や、「偽使」の常態化など、現実の交流・物流の実態にも対応しうる数少ない存在として、容易には代替しえない特異な立場を確立し、将軍や幕府体制をも凌駕する儀礼的格式を身にまといながら、十六世紀前半に最盛期を迎えた。陶隆房《たかふさ》の政策は、確かに現実を見据えながら新たな時代に対応し現状を打破しようとしたものであったといえるが、その手法では、旧来の大内氏や大内氏分国の枠組みを引き継ぐことは困難であったものと思われる。

大内義隆の死後にも遣明船の派遣は試みられたが、外交儀礼に必要な詳細な知識を継承できなかった大内義長《よしなが》が明朝に受け容れられることはなかった。ましてや、通信符右符や模造の日本国王印など大内氏の遺品を引き継いだとはいえ、毛利氏にとってはもはや現実的な意味の乏しい時代に入っていった。

大内文化の形成に主要な役割を果たした人々が粛清された時、大内氏の隆盛を支えた根幹のきわめて重要な部分が、確かに大きく損なわれたのである。

大内氏と琉球王国は、それぞれ立場も存在形態もまったく異なってはいたものの、旧来の秩序が揺らぎはじめた時期に、それを支える過渡的な役割を果たすことを通して、いずれも十六世紀前半に最盛期を迎え、日本列島周辺の広い範囲に大きな影響をおよぼした（第一章1・第二章2・第五章3）。しかし海域の変化の進行によって、両者の固有の役割が次第に失われていったことも、逆らうことのできない時代の流れであった。

「嘉靖の大倭寇」が最も激化した天文二十二年から弘治三年（一五五七）の時期は、「防芸引分」により毛利氏が反大内方へ転じ、厳島合戦《いつくしまかっせん》を経て、大内氏が滅亡していった時期と重なっている。大内義長の自害と同じ年、王直《おうちょく》は明朝官憲への投降を決意するに至るのであるが、大内氏は「後期倭寇」が最も激しく猛威を振るうなかで急速に弱体化し滅亡していった。時期の重なりは偶然の産物であるかもしれないが、大内氏の影響力を大きく後退させた要因が浮き彫りにされている。

東アジア海域の変化という観点からみれば、十六世紀前半における大内氏の隆盛と滅亡は、ある意味では必然であったようにも見受けられる。

銀のいざなう新たな時代

第七章において時系列を追いながら述べたように、十六世紀第二四半期以降における東アジア海域の状況は、大永七年（一五二七）の石見《いわみ》銀山の発見が、大きな動因となった可能性が高い。石見銀山における現地製錬開始の翌年と思われる天文三年（一五三四）、那覇《なは》に来航した福建《ふっけん》商人が日本商人との取引に突如新たな可能性を察知し、以後数多くのジャンク船が九州各地に着岸したことは、取引される商品そのものが変化していたことをうかがわせており（第七章2）、そのような高い利潤をもたらす魅力的な物資のなかに、新たに産出されはじめた銀が含まれていたとしても、少しも不思議なことではないからである。ポルトガル人メンデス・ピントが後年創作をまじえて叙述した『東洋遍歴記』には、一五四〇年代を中心に、彼自身が活動した東アジア海域の状況が生き生きと映し出されており、ポルトガル商人・ムスリム商人・中国密貿易海商らによる銀の争奪や、大量の銀が平戸から漳州《しょうしゅう》へ運ばれていたことなど、日本銀が主力の交易品として盛んに取り引きされていた様子を描いている。海域の変化そのものが、石見産銀の流出から大きな影響を受けた現象であった可能性が高い（橋本・米谷二〇〇八、本多二〇一五）。

本書の最後に着目しておきたいのは、享禄年間の大内氏の新たな動きも、石見銀山の発見と関連しているのではないかということである。

石見銀山の開発には、博多商人が深く関わっていたと伝えられている（第七章1）が、石見銀山の所在する邇摩《にま》郡も、筑前国博多も、ともに大内氏分国内に位置していたので、大内氏が新たな銀鉱山の存在を早期に認識した可能性はきわめて高い。また、古くから大陸との交流に積極的で、最も早く撰銭令を発令したこと（第二章1）や、博多幻住派をはじめとする外交僧との結びつきを重視したこと（第一章3）からも明らかなように、外交に関わる情報の集積を進めてきた大内氏が、寧波の乱の影響に苦慮する状況のなかで、銀鉱石の発見がいかなる意味を持つのかわからなかったとは考えがたい。

同じ大永七年の九月、大内義興は、寧波の乱による苦境を打開するため琉球国王尚清《しょうせい》へ遣明船派遣への協力を要請した（第一章3）。また、翌年の享禄元年（一五二八）、大内氏は、島津豊州家忠朝の意向をふまえて島津奥州家《おうしゅうけ》と島津相州家《そうしゅうけ》の紛争の調停に乗り出し（第三章1）、筑前国をめぐって少弐氏との抗争がはじまり、また大内義興の発病を機に安芸国から撤兵した（第四章1）。

さらに、朝鮮半島においてすでに石見銀山の銀鉱石を用いた製錬が密かにはじまっていた享禄二年には（第七章1）、家督を嗣いだ大内義隆が、南九州の調停をともかくも実現させ（第三章1）、翌年初頭までの間に尼子氏や安芸武田氏と和睦停戦を成立させた（第四章1）。停戦直前の戦況は、大内氏が安芸武田氏を次第に追い詰め、尼子氏の南下もほぼ封じて、明らかに大内方優勢であったと思われるにも関わらず、前代以来の宿敵との停戦を決断したことには、それなりの理由があったものと考えなければならない。

天文二年（一五三三）、博多の技術者が石見銀山における現地製錬を開始すると、大内義隆は銀山大工を介する直轄支配の方針を明確化した（第七章1）。大内氏当主と銀山大工を取り次ぐ奉行衆のなかに、博多代官を歴任した飯田《いいだ》興秀《おきひで》が含まれていることも、大内氏の意図をうかがわせている。大内氏が一貫して平戸松浦氏を重視した理由も、銀搬出の拠点として、平戸の重要性がますます高まったためでもあると考えられる。初期の石見産銀は、博多や平戸を介して東アジア海域を渡り、朝鮮半島・中国大陸・琉球へ流れていったと推測される。大内義隆が博多と北部九州の確実な掌握を求めて支持勢力の拡大をはかりながら西へ向かったのは、新たな鉱物資源の生産と流通の管理統制に不可欠な地域であると認識したためではないかと思われる。

以上の事実は、享禄年間の大内氏による方針転換と、海域における倭寇的活動のさらなる活発化が、いずれも石見銀山開発を契機に引き起こされたものである可能性を示唆している。そしてそのいずれもが、相互不可分な関連性を持ちながら、西日本社会に新たな時代を生み出していったのではないか。石見銀山の歴史的意味については、このような観点から追跡していくことも必要ではないかと思われる。

密貿易海商を日本に引き寄せた鉱物資源と、東アジア海域との濃厚な紐帯《ちゆうたい》を担った多数の博多商人の両方を把握し、旧来の外交秩序にも深い関わりを志向した大内氏は、十六世紀半ばから急速に衰退し、やがて石見銀山を奪われて滅亡した。以後、石見銀山と博多が同じ領有者によって支配されることはなくなった。このころより、銀山の所在した西日本海海域には、従来は見られなかったような遠隔地からの船が頻繁に現れるようになった。天文二十年の越前三国湊への「明船」着岸（『賀越闘争《かえつとうそう》記《き》』）を皮切りに、一五六〇年代の島根半島周辺には「唐船」（ジャンク船）や「北国舟」（東北日本海海域の船）が次々と着岸し、十六世後半には、石見銀山に近い温泉津《ゆのつ》・浜田《はまだ》など山陰海岸の各地に「唐船」や南九州の船が陸続として来航した。山陰海岸からは、中国山地に産する鉄や銀・銅などの地域資源が遙か彼方の遠隔地にまで搬出されるようになったと思われる。銀の流出経路は、博多商人が圧倒的に大きな役割を果たした大内氏時代とは異なり、格段に多様で可変的な様相を呈したと推測される。

さらに、十六世紀後半の石見銀山には多数の堺商人や京都の文化人、またかつて薩摩国坊津《ぼうのつ》で殺害された三宅国秀《みやけくにひで》と同族の備中《びっちゅう》国連島《つらじま》三宅氏一族をはじめ、列島各地や海外から厖大な数の仮寓者が集住した。十六世紀後半の石見銀山には、谷々が屋敷・見世棚・製錬工房で埋め尽くされる巨大な都市が現れた。このことも、山陰海岸に多数の遠隔地の船を引き寄せる要因となっていった。

人の移動と経済活動の著しい広域化に対応するため、十六世紀後半の地域権力は支配領域のさらなる拡大を志向し、戦争も大規模化していった。そのことは、やがて大規模な統合（天下一統）が求められる一因ともなっていくのである。

あとがき

「列島の戦国史」の様相は、きわめて多彩であり多面的である。しかし本書においては、たとえば下剋上の風潮、戦国大名による独自な支配の内実、室町幕府や守護職の実質的な意味、一揆的な社会関係の広汎な展開、飢饉や戦乱の社会的影響など、この時代を語る際に重視されてきた基礎的な諸論点に、必ずしも深く踏み込んでいない。それは、十六世紀前半の西日本全体の状況を概観する方法として、分裂と混迷のなかから統合へ向けた胎動が生まれてくる政治的な動向を、海域の変動のなかに位置づけてとらえることが、最もわかりやすいのではないかと考えたためである。ただし、そうした描き方から見えてくる躍動的な時代像は、「戦国史」全体をとらえる方法に、新たな観点が必要であることを示唆しているようにも思われる。

海を隔てて遠く離れた異なる立場の人々の動向が、すべて連動して直接的な因果関係を有したとは考えられず、十六世紀前半の社会の実態は、変化の激しいきわめて複雑な様相を呈していたといわざるをえない。しかしそれらのなかから、この時期ならではの広い視野をもち、結果として時代を動かし変えていった存在を探り出すことは、とても重要な視角ではないかと思われる。大内氏や琉球王国はその中心的な存在であったといえるが、大友氏、島津氏一族、土佐一条氏、尼子氏、博多商人、堺商人、禅僧、中国密貿易海商をはじめとする本書に取り上げた多くの諸勢力や、時代に大きな変化をもたらした銀・銭・硫黄・硝石・鉄炮・木材・船などさまざまな資源やモノや環境は、それぞれが重い役割を帯びて主役の一角を構成していた。そのような観点から見てみると、また新たな時代像が浮かび上がってくるように思われる。

近年は、優れた新しい研究成果が次々に公表されて、研究状況は大きく変わってきたと考えられる。大内氏はもとより、日明貿易、朝鮮通交、琉球、対馬、島津氏、大友氏、そして畿内政治史に関する研究の進展や、各地の発掘成果の蓄積と集約には、目を見張るものがある。もしも、それらの諸業績がなければ、本書の執筆はまったく不可能であったといわなければならない。文中には十分に記すことができなかったが、幾多の御学恩に心より感謝申し上げたい。

二〇二〇年四月二十六日

長谷川博史

参考文献

秋澤　繁「『日本一鑑』からみた南海路―公家大名一条家治下の土佐を中心として―」（高知県立歴史民俗資料館編『長宗我部元親・盛親の栄光と挫折』二〇〇一年）
秋山伸隆『戦国大名毛利氏の研究』（吉川弘文館、一九九八年）
阿蘇品保夫『菊池一族』（新人物往来社、一九九〇年）
足立啓二『明清中国の経済構造』（汲古書院、二〇一二年）
天野忠幸『三好長慶』（ミネルヴァ日本評伝選、二〇一四年）
天野忠幸編『論集戦国大名と国衆10　阿波三好氏』（岩田書院、二〇一二年）
荒木和憲『中世対馬宗氏領国と朝鮮』（山川出版社、二〇〇七年）
荒木和憲『対馬宗氏の中世史』（吉川弘文館、二〇一七年）
池　享『大名領国制の研究』（校倉書房、一九九五年）
石井進・石母田正・笠松宏至・勝俣鎮夫・佐藤進一編『日本思想大系21　中世政治社会思想　上』（岩波書店、一九七二年）
石原道博『倭寇』（吉川弘文館、一九六四年）
市村高男「戦国都市中村の実像と土佐一条氏」（『西南四国歴史文化論叢よど』一〇、二〇〇九年）
市村高男編『海運・流通から見た土佐一条氏の学際的研究』（科研基盤研究C報告書、二〇〇八年）

市村高男編『中世土佐の世界と一条氏』（高志書院、二〇一〇年）
市村高男編著『中世宇都宮氏の世界―下野・豊前・伊予の時空を翔る―』（彩流社、二〇一三年）
伊藤幸司『中世日本の外交と禅宗』（吉川弘文館、二〇〇二年）
伊藤幸司「大内氏の琉球通交」（『年報中世史研究』二八、二〇〇三年）
伊藤幸司「中世西国諸氏の系譜認識」（九州史学研究会編『境界のアイデンティティ』岩田書院、二〇〇八年）
伊藤幸司「大内氏の外交と大友氏の外交」（鹿毛敏夫編『大内と大友―中世西日本の二大大名―』勉誠出版、二〇一三年）
今谷明・天野忠幸監修『三好長慶』（宮帯出版社、二〇一三年）
上里隆史『海の王国・琉球―「海域アジア」屈指の交易国家の実像―』（洋泉社、二〇一二年）
宇田川武久『東アジア兵器交流史の研究―十五～十七世紀における兵器の受容と伝播―』（吉川弘文館、一九九三年）
荏開津通彦「大内氏と雪舟」（伊藤幸司編『室町戦国日本の覇者　大内氏の世界をさぐる』勉誠出版、二〇一九年）
大田由起夫「渡来銭と中世の経済」（荒野泰典ほか編『日本の対外関係4　倭寇と「日本国王」』吉川弘文館、二〇一〇年）
大庭康時『中世日本最大の貿易都市・博多遺跡群』（新泉社、二〇〇九年）
大庭康時・佐伯弘次・菅波正人・田上勇一郎編『中世都市・博多を掘る』（海鳥社、二〇〇八年）
岡村吉彦「戦国期因幡国における守護支配の展開と構造」（『鳥取地域史研究』五、二〇〇三年）

岡村吉彦『鳥取県史ブックレット4　尼子氏と戦国時代の鳥取』（鳥取県、二〇一〇年）
尾崎千佳「大内氏の文芸」（伊藤幸司編『室町戦国日本の覇者　大内氏の世界をさぐる』勉誠出版、二〇一九年）
鹿毛敏夫『戦国大名の外交と都市・流通―豊後大友氏と東アジア世界―』（思文閣出版、二〇〇六年）
鹿毛敏夫「一六世紀九州における豪商の成長と貿易商人化」（鹿毛敏夫編『大内と大友』勉誠出版、二〇一三年）
鹿毛敏夫『アジアのなかの戦国大名―西国の群雄と経営戦略―』（吉川弘文館、二〇一五年）
鹿毛敏夫『戦国大名の海外交易』（勉誠出版、二〇一九年）
鹿毛敏夫編『描かれたザビエルと戦国日本―西欧画家のアジア認識―』（勉誠出版、二〇一七年）
景浦　勉『伊予史料集成第3巻　河野家文書』（伊予史料集成刊行会、一九六七年）
片山まび「高麗・朝鮮時代の陶磁生産と海外輸出」（『アジアの考古学1　陶磁器流通の考古学―日本出土の海外陶磁―』高志書院、二〇一三年）
勝俣鎮夫『戦国法成立史論』（東京大学出版会、一九七九年）
川岡　勉『河野氏の歴史と道後湯築城』（青葉図書、一九九二年）
川岡　勉『中世の地域権力と西国社会』（清文堂出版、二〇〇六年）
川添昭二『中世文芸の地方史』（平凡社選書、一九八二年）
河村昭一『安芸武田氏』（戎光祥出版、二〇一〇年）
岸田裕之『大名領国の構成的展開』（吉川弘文館、一九八三年）
岸田裕之『毛利元就』（ミネルヴァ日本評伝選、二〇一四年）

岸野　久『ザビエルの同伴者アンジロー―戦国時代の国際人―』（吉川弘文館、二〇〇一年）
岸本美緒「明末清初の市場構造―モデルと実態―」（古田和子編『中国の市場秩序―17世紀から20世紀前半を中心に―』慶應義塾大学出版会、二〇一三年）
木藤才蔵『連歌史論考』下（明治書院、一九七三年）
木原光・佐伯昌俊「石見益田における一五・一六世紀の貿易陶磁―組成と朝鮮陶磁器の様相を中心として―」（『貿易陶磁研究』三六、二〇一六年）
木村茂光・湯浅治久編『生活と文化の歴史学10　旅と移動―人流と物流の諸相』（竹林舎、二〇一八年）
吉良国光「天文年間前半における大内氏と大友氏の抗争について」（『九州史学』一六二、二〇一二年）
黒嶋　敏「琉球王国と中世日本―その関係の変遷―」（『史学雑誌』一〇九―一一、二〇〇〇年）
黒田明伸『貨幣システムの世界史―〈非対称性〉をよむ―』（増補新版、岩波書店、二〇一四年）
桑羽田興「戦国大名島津氏の軍事組織について―地頭と衆中―」（『九州史学』一〇、一九五八年）
古賀信幸「周防国・山口の戦国期守護所」（内堀信雄ほか編『守護所と戦国城下町』高志書院、二〇〇六年）
小谷利明『畿内戦国期守護と地域社会』（清文堂出版、二〇〇三年）
小林准士『石見銀山史料解題　銀山旧記』（島根県教育委員会、二〇〇三年）
小林基伸「浦上則宗論」（矢田俊文編『戦国期の権力と文書』高志書院、二〇〇四年）
佐伯弘次「大内氏の筑前国守護代」（川添昭二編『九州中世史研究』第二輯、文献出版、一九八〇年）
佐伯弘次「大内氏の評定衆について」（『古文書研究』一九、一九八二年）
佐伯弘次「中世後期の博多と大内氏」（『史淵』一二一、一九八四年）

佐伯弘次「大内氏の博多支配機構」（『史淵』一二二、一九八五年）
佐伯弘次「中世都市博多の発展と息浜」（川添昭二先生還暦記念会編『日本中世史論攷』文献出版、一九八七年）
佐伯弘次「博多商人神屋寿禎の実像」（九州史学研究会編『境界からみた内と外』岩田書院、二〇〇八年）
柴原直樹「毛利氏の備後国進出と国人領主」（『史学研究』二〇三、一九九三年）
柴原直樹「守護山名氏の備後国支配と国人領主連合―国衆和智氏の歴史的役割―」（『史学研究』二一三、一九九六年）
宿南　保『但馬の中世史』（神戸新聞総合出版センター、二〇〇二年）
須田牧子『中世日朝関係と大内氏』（東京大学出版会、二〇一一年）
関　周一『中世日朝海域史の研究』（吉川弘文館、二〇〇二年）
関　周一『対馬と倭寇―境界に生きる中世びと―』（高志書院、二〇一二年）
関　周一『中世の唐物と伝来技術』（吉川弘文館、二〇一五年）
関　周一「海域交流の担い手　倭人・倭寇」（『九州歴史科学』四四、二〇一六年）
関　周一「中世日本における外来技術伝来の諸条件―海上交通との関連から―」（『国立歴史民俗博物館研究報告』二一〇、二〇一八年）
高良倉吉「琉球の形成と環シナ海世界」（『日本の歴史14　周縁から見た中世日本』講談社、二〇〇一年）
高良倉吉『琉球の時代―大いなる歴史像を求めて―』（ちくま学芸文庫、二〇一二年）
田中健夫『対外関係と文化交流』（思文閣出版、一九八二年）
田中健夫『東アジア通交圏と国際認識』（吉川弘文館、一九九七年）

千枝大志「中世後期の貨幣と流通」(『岩波講座日本歴史8　中世3』岩波書店、二〇一四年)
東京国立博物館・京都国立博物館『没後五〇〇年特別展 雪舟』(毎日新聞社、二〇〇二年)
中島楽章「撰銭の世紀―一四六〇～一五六〇年代の東アジア銭貨流通―」(『史学研究』二七七、二〇一二年)
中島楽章「鉄砲伝来と倭寇」(荒野泰典ほか編『日本の対外関係5　地球的世界の成立』吉川弘文館、二〇一三年)
中島楽章編『南蛮・紅毛・唐人―一六・一七世紀の東アジア海域―』(思文閣出版、二〇一三年)
中島楽章・伊藤幸司編『東アジア海域叢書11　寧波と博多』(汲古書院、二〇一三年)
中島圭一「「相良家文書」からみた相良正任の家系」(『史学』八六―三、二〇一六年)
中司健一「大内氏当主側近層の形成と展開」(鹿毛敏夫編『大内と大友』勉誠出版、二〇一三年)
新名一仁「三宅国秀・今岡通詮の琉球渡航計画をめぐる諸問題―南九州政治史の視点から―」(『九州史学』一四四、二〇〇六年)
新名一仁「室町・戦国移行期における南九州の政治情勢」(『九州史学』一六二、二〇一二年)
新名一仁『島津貴久―戦国大名島津氏の誕生―』(戎光祥出版、二〇一七年)
新名一仁編『シリーズ・中世西国武士の研究1　薩摩島津氏』(戎光祥出版、二〇一四年)
日本貿易陶磁研究会『貿易陶磁研究』三五(二〇一五年)
野澤隆一「義隆の家族」(米原正義編『大内義隆のすべて』新人物往来社、一九八八年)
野田泰三「戦国期における守護・守護代・国人」(『日本史研究』四六四、二〇〇一年)
橋本　雄『中世日本の国際関係―東アジア通交圏と偽使問題―』(吉川弘文館、二〇〇五年)

橋本雄・米谷均「倭寇論のゆくえ」（桃木至朗編『海域アジア史研究入門』岩波書店、二〇〇八年）
長谷川博史『戦国大名尼子氏の研究』（吉川弘文館、二〇〇〇年）
服部英雄「戦国相良氏の誕生」（『日本歴史』三八八、一九八〇年）
原田禹雄訳注『陳侃 使琉球録』（榕樹社、一九九五年）
平井上総『長宗我部元親・盛親』（ミネルヴァ日本評伝選、二〇一六年）
福尾猛市郎『大内義隆』（人物叢書、吉川弘文館、一九五九年）
福島金治『戦国大名島津氏の領国形成』（吉川弘文館、一九八八年）
藤井　崇『大内義興―西国の「覇者」の誕生―』（戎光祥出版、二〇一四年）
本多博之『天下統一とシルバーラッシュ―銀と戦国の流通革命―』（吉川弘文館、二〇一五年）
牧田諦亮編『策彦入明記の研究』上巻（法蔵館、一九五五年）
増野晋次「中世の山口」（鹿毛敏夫編『大内と大友』勉誠出版、二〇一三年）
松岡久人著・岸田裕之編『大内氏の研究』（清文堂出版、二〇一一年）
松原勝也「天文期肥後国情勢と相良・名和・阿蘇三氏盟約―大友氏による肥後国支配との関連―」（『九州史学』一四一、二〇〇五年）
宮本義己「義隆の最期」（米原正義編『大内義隆のすべて』新人物往来社、一九八八年）
村井章介『中世倭人伝』（岩波新書、一九九三年）
村井章介『海から見た戦国日本―列島史から世界史へ―』（ちくま新書、一九九七年）
村井章介『日本中世境界史論』（岩波書店、二〇一三年）
村井章介『シリーズ日本中世史④　分裂から天下統一へ』（岩波新書、二〇一六年）

村井章介編集代表『日明関係史研究入門―アジアのなかの遣明船―』（勉誠出版、二〇一五年）
八木直樹「大友宗麟とキリスト教」（『文学・語学』二〇二、二〇一二年）
八木直樹編『シリーズ・中世西国武士の研究2　豊後大友氏』（戎光祥出版、二〇一四年）
山内治朋編『論集戦国大名と国衆18　伊予河野氏』（岩田書院、二〇一五年）
山内　譲『瀬戸内の海賊―村上武吉の戦い―』（増補改訂版、新潮選書、二〇一五年）
山口研一「戦国期島津氏の家督相続と老中制」（『青山学院大学文学部紀要』二八、一九八六年）
山﨑　岳「乍浦・沈荘の役再考」（須田牧子編『「倭寇図巻」「抗倭図巻」をよむ』勉誠出版、二〇一六年）
山田貴司『中世後期武家官位論』（戎光祥出版、二〇一五年）
山田貴司「大内氏と朝廷」（伊藤幸司編『室町戦国日本の覇者　大内氏の世界をさぐる』勉誠出版、二〇一九年）
山田康弘『足利義稙―戦国に生きた不屈の大将軍―』（戎光祥出版、二〇一六年）
山村亜希『中世都市の空間構造』（吉川弘文館、二〇〇九年）
山本浩樹『戦争の日本史12　西国の戦国合戦』（吉川弘文館、二〇〇七年）
弓倉弘年『中世後期畿内近国守護の研究』（清文堂出版、二〇〇六年）
米原正義『戦国武士と文芸の研究』（桜楓社、一九七六年）
和田秀作「大内氏の領国支配組織と人材登用」（岸田裕之編『毛利元就と地域社会』中国新聞社、二〇〇七年）
和田秀作「大内氏の惣庶関係をめぐって」（鹿毛敏夫編『大内と大友』勉誠出版、二〇一三年）
渡邊大門『戦国期赤松氏の研究』（岩田書院、二〇一〇年）

略年表

年号	明年号	西暦	事項
延徳　二	弘治　三	一四九〇	正月、足利義政死去。七月、足利義稙、征夷大将軍に就任。
明応　元	弘治　五	一四九二	十二月、足利義稙、近江国から京都に凱旋。
明応　二	弘治　六	一四九三	二月、将軍足利義稙、畠山基家征討のため河内国へ出征。四月、細川政元が、足利義澄を擁立して義稙を廃す（明応の政変）。四月、肥後国相良為続が法度を定める。六月、義稙、北陸へ逃亡。七月、但馬国において山名俊豊が山名政豊に反旗をひるがえす。この年、大内版『聚分韻略』刊行。
明応　四	弘治　八	一四九五	二月、陶武護、弟の陶興明を討つ。大内政弘、内藤弘矩を誅殺。三月、讃岐国蜂起。九月、大内政弘、山口で没す。
明応　五	弘治　九	一四九六	五月、対立していた大友政親・義右父子が相次いで死去。
明応　六	弘治　十	一四九七	四月、大内義興、肥前国小城郡で少弐政資を自害させる。
明応　八	弘治　十二	一四九九	二月、大護院尊光（大内高弘）の大内義興への反乱計画が露見。十二月、足利義稙、周防国山口へ入る。
明応　九	弘治　十三	一五〇〇	春、琉球国王尚真が先島諸島を制圧（アカハチ・ホンガワラの乱）。
文亀　元	弘治　十四	一五〇一	閏六月、大内義興の退治を命じる後柏原天皇綸旨。七月、豊前国馬岳合戦により、義興が大友親治・少弐資元を破る。八月、義興、硼中道徳を日本国王使として朝鮮王朝へ派遣。九月、琉球国王尚真が、玉御陵を造営。
永正　二	弘治　十八	一五〇五	この年、幕府が永正度遣明船（正使了庵桂悟）の派遣を決定。

年号	明年号	西暦	事項
永正　四	正徳　二	一五〇七	六月、管領細川政元、養子細川澄之派の被官に暗殺される。十一月、大内義隆（亀童丸）が誕生。
永正　五	正徳　三	一五〇八	二月、島津忠昌が自害し、南九州が「三州大乱」の時代へ向かう。六月、足利義稙・大内義興が入京。七月、義稙、将軍再任。細川高国を管領に、大内義興を山城国守護とする。
永正　六	正徳　四	一五〇九	四月、首里城正殿に「百浦添之欄干之銘」が刻まれる。
永正　七	正徳　五	一五一〇	四月、三浦の乱。
永正　八	正徳　六	一五一一	八月、船岡山合戦において足利義稙・大内義興が細川澄元らを破る。九月以前、永正度遣明船（正使了庵桂悟）が寧波に到着。
永正　九	正徳　七	一五一二	四月ごろ、永正度遣明船（正使了庵桂悟）が南京に到着。八月、朝鮮王朝と壬申約条を締結。
永正　十	正徳　八	一五一三	この年、永正度遣明船（正使了庵桂悟）が帰国。
永正　十三	正徳　十一	一五一六	四月、大内義興が渡唐船の管掌権を安堵され、正徳勘合を掌握。八月、豊後国朽網親満の反乱計画が発覚。この年、薩摩国坊津において備中国連島三宅国秀が殺害されるという。
永正　十四	正徳　十二	一五一七	八月、尼子経久、大内義興の石見国守護職補任に反対を表明。十月、安芸国有田合戦において武田元繁が討死。
永正　十五	正徳　十三	一五一八	八月、大内義興が周防帰国のため堺を発つ。十月、大内氏が撰銭令を発布。
永正　十六	正徳　十四	一五一九	四月、尼子経久、出雲国杵築大社の遷宮を終える。
永正　十七	正徳　十五	一五二〇	六月、大内義興、山口高嶺太神宮の遷宮を終える。
大永　元	正徳　十六	一五二一	九月、赤松義村、浦上村宗により播磨国室津において殺害される。このころ、

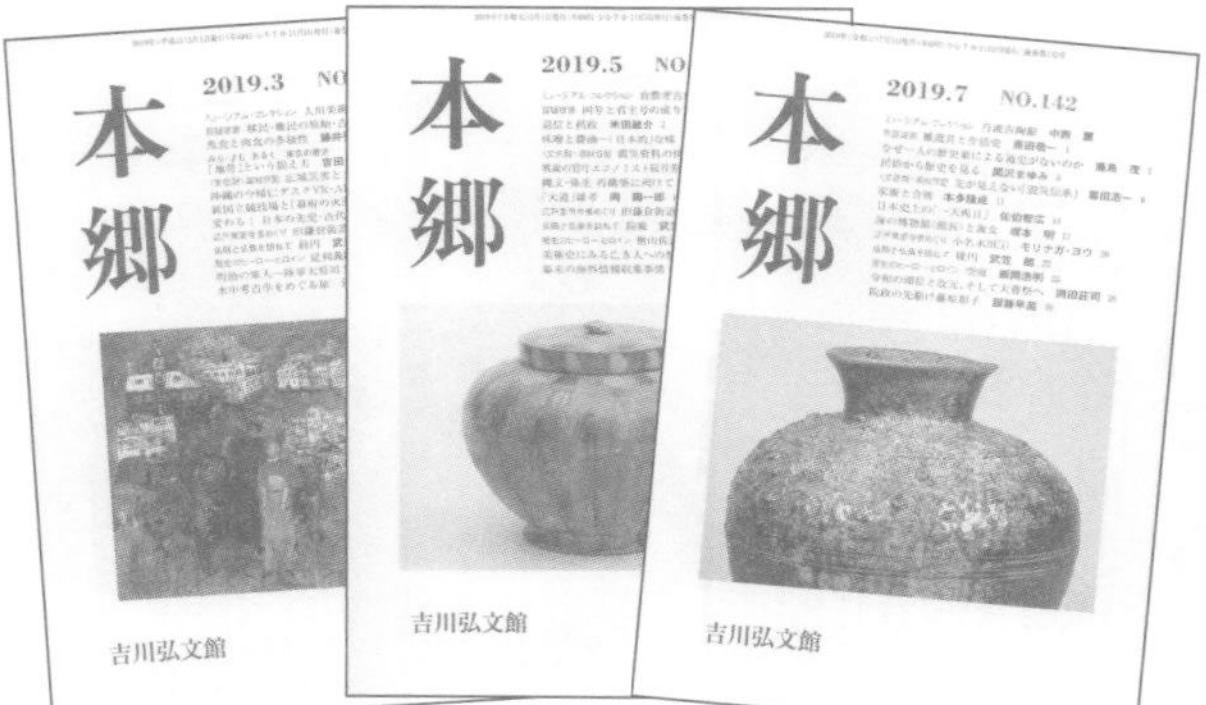
本郷
2019.3
吉川弘文館
本郷
2019.5
吉川弘文館
本郷
2019.7 NO.142
吉川弘文館

（ご注意）

・この用紙は、機械で処理しますので、金額を記入する際は、枠内にはっきりと記入してください。また、本票を汚したり、折り曲げたりしないでください。

・この用紙は、ゆうちょ銀行又は郵便局の払込機能付きＡＴＭでもご利用いただけます。

・この払込書を、ゆうちょ銀行又は郵便局の渉外員にお預けになるときは、引換えに預り証を必ずお受け取りください。

・ご依頼人様からご提出いただきました払込書に記載されたおところ、おなまえ等は、加入者様に通知されます。

・この受領証は、払込みの証拠となるものですから大切に保管してください。

収入印紙
課税相当額以上
貼　　付

印

この用紙で「本郷」年間購読のお申し込みができます。

◆この申込票に必要事項をご記入の上、記載金額を添えて郵便局でお払込み下さい。

◆「本郷」のご送金は、４年分までとさせて頂きます。

※お客様のご都合で解約される場合は、ご返金いたしかねます。ご了承下さい。

この用紙で書籍のご注文ができます。

◆この申込票の通信欄にご注文の書籍をご記入の上、書籍代金（本体価格＋消費税）に荷造送料を加えた金額をお払込み下さい。

◆荷造送料は、ご注文１回の配送につき500円です。

◆入金確認まで約７日かかります。ご諒承下さい。

振替払込料は弊社が負担いたしますから無料です。

※領収証は改めてお送りいたしませんので、予めご諒承下さい。

お問い合わせ　〒113-0033・東京都文京区本郷７－２－８
吉川弘文館　営業部
電話03-3813-9151　FAX03-3812-3544

この場所には、何も記載しないでください。

払込取扱票

02 東京

通常払込料金加入者負担

口座記号番号	金額
00100－5－244	千 百 十 万 千 百 十 円 ※

加入者名	株式会社 吉川弘文館	料金	備考

各票の※印欄は、ご依頼人において記載してください。

ご依頼人・通信欄

フリガナ
※お名前
郵便番号　電話
※ご住所
※

◆「本郷」購読を希望します

購読開始　　号 より

1年 1000円（6冊）　3年 2800円（18冊）
2年 2000円（12冊）　4年 3600円（24冊）
（ご希望の購読期間に○印をお付け下さい）

日附印

裏面の注意事項をお読みください。（ゆうちょ銀行）（承認番号東第53889号）

これより下部には何も記入しないでください。

切り取らないでお出しください。

記載事項を訂正した場合は、その箇所に訂正印を押してください。

振替払込請求書兼受領証

口座記号番号	00100－5 通常払込料金加入者負担 244
加入者名	株式会社 吉川弘文館
金額	千 百 十 万 千 百 十 円 ※
ご依頼人	おなまえ ※ 様
料金	日附印
備考	

この受領証は、大切に保管してください。

大永 二	嘉靖 元	一五二二	土佐国長宗我部兼序が岡豊城を本山氏らに攻略されて自害する。
大永 三	嘉靖 二	一五二三	三月、大内氏重臣の陶興房が安芸国へ出陣。九月、大内氏家臣の右田弘詮が「吾妻鏡」を書写（吉川本「吾妻鏡」）。
大永 四	嘉靖 三	一五二四	四月、寧波の乱。七月、尼子経久が安芸国鏡山城を攻略する。七月、伊予国正岡紀伊守が河野氏への反乱を起こす。
大永 五	嘉靖 四	一五二五	七月、大内義興・義隆父子、安芸国厳島へ着陣。
大永 六	嘉靖 五	一五二六	三月、大内義興、安芸国門山城に転陣。四月、義興、景林宗鎮を日本国王使として朝鮮王朝へ派遣する。
大永 七	嘉靖 六	一五二七	十二月、琉球国王尚真が死去。この年、山名誠豊が尼子経久との敵対を表明する。
享禄 元	嘉靖 七	一五二八	三月、石見銀山の開発。四月以前、島津奥州家忠兼が島津相州家貴久に家督を譲る。五〜六月ごろ、忠兼が島津本宗家家督の地位に復帰する。
享禄 三	嘉靖 九	一五三〇	十二月、大内義興、山口において没す。
享禄 四	嘉靖 十	一五三一	三月、出雲国において塩冶興久と尼子経久の戦争が始まる（塩冶氏反乱）。三月、伊予国重見通種が河野氏への反乱を起こす。 六月、細川高国、摂津国尼崎において敗死する（大物崩れ）。七月、大内義隆の方針により、毛利元就が尼子晴久（詮久）と兄弟契約を結ぶ。
天文 元	嘉靖 十一	一五三二	七月、大友義鑑が大内氏包囲網を形成、翌月に戦端を開く。
天文 二	嘉靖 十二	一五三三	八月、博多の慶寿が石見銀山における銀製錬を開始。
天文 三	嘉靖 十三	一五三四	四月、豊後国勢場ヶ原合戦。五月、冊封使陳侃、那覇に到着（福建商人たちが日本商人との取引の利潤の高さを察知）。九月、島津奥州家、琉球王国に伊予国今岡通詮の渡海を通報する。
天文 四	嘉靖 十四	一五三五	四月、島津薩州家実久が島津奥州家勝久（忠兼）を追放して実権を握る。

年号	明年号	西暦	事項
天文 五	嘉靖 十五	一五三六	三月、尼子氏が備後国山内氏を服属させる。五月、大内義隆、大宰大弐に任官。
天文 六	嘉靖 十六	一五三七	七月、新納忠勝が本拠志布志を攻略されて没落する。このころ、土佐一条氏が大坂本願寺・堺商人らと「唐船」を建造する。
天文 七	嘉靖 十七	一五三八	三月、秋月の会談（大内氏と大友氏）。六月、尼子氏が上洛を目指して播磨国への侵攻を開始。十月、少弐氏名義の使節が朝鮮に三七五斤の銀を持ちこむ。
天文 八	嘉靖 十八	一五三九	三月、島津貴久、薩摩国紫原合戦に勝利。三月、大内版『聚分韻略』刊行。四月、大内氏発遣の遣明船（正使湖心碩鼎）が五島列島奈留浦を出帆。四月ごろ、対馬宗晴康が家督を継承。八月、安芸国厳島大願寺の尊海、朝鮮へ渡海し朝鮮国王に謁見。十二月、尼子氏が播磨国に侵攻。
天文 九	嘉靖 十九	一五四〇	三月、大内氏発遣の遣明使節（正使湖心碩鼎）が北京に到着。三月、島津貴久、薩隅日三ヵ国守護の地位を宣明する。九月、安芸国郡山合戦が始まる。
天文 十	嘉靖 二十	一五四一	正月、尼子氏が安芸国より敗走。三月、大内義隆が安芸国門山城に着陣。五月、安芸武田氏が滅亡。六月、大内氏発遣の遣明船（正使湖心碩鼎）が帰国。九月、伊東義祐、長倉氏・島津豊州家の軍勢を破る。十一月、尼子経久死去。
天文 十一	嘉靖二十一	一五四二	四月、偽日本国王使が朝鮮に八万両の銀を持ちこむ。六月、大内義興、出雲国遠征を開始。八月、大内氏、琉球王国へ兵船派遣の可能性を伝える。この年、但馬国生野銀山の開発、鉄炮伝来（天文十一年説）。
天文 十二	嘉靖二十二	一五四三	三月、大内義隆、山口香積寺の心月受竺を日本国王使として朝鮮王朝へ派遣。五月、大内氏が出雲国から敗走。五月、阿蘇惟豊、肥後国堅志田城を攻略。八月、種子島に鉄炮伝来（天文十二年説）。
天文 十三	嘉靖二十三	一五四四	六月、福建人らの乗る「荒唐船」が朝鮮沿岸に現れる。七月、河野通直、伊予

天文　十四	嘉靖二十四	一五四五	国湯築城に復帰。八月、明朝、寧波到着の遣明船二号船（大友氏派遣・正使寿光）に入貢を認めず。この年、相前後して遣明船一号船（大友氏）・三号船（相良氏）が派遣されるが、いずれも入貢を認められず。
天文　十五	嘉靖二十五	一五四六	二月、伊東義祐の軍勢が島津豊州家の本拠飫肥城に襲来。三月、島津豊州家と北郷氏が、島津貴久に帰順。十二月、幕府、大内義興を御船渡唐奉行に任じ、相良長唯に警固を命じる。
天文　十六	嘉靖二十六	一五四七	七月、石見銀山大工洞雲、肥後国球磨郡宮原において銀を製錬。十一月、能島村上氏の家督相続をめぐり村上義益と村上武吉が争う。
天文　十七	嘉靖二十七	一五四八	五月、大内氏発遣の遣明船（正使策彦周良）が五島列島奈留浦を出帆。
天文　十八	嘉靖二十八	一五四九	四月、浙江巡撫朱紈、双嶼を襲撃して倭寇の拠点を壊滅。
			四月、大内氏発遣の遣明使節（正使策彦周良）が北京に到着。七月（一五四九年八月）、フランシスコ・ザビエル、鹿児島に上陸（キリスト教の伝来）。九月、大内方の軍勢が備後国神辺城を攻略。
天文　十九	嘉靖二十九	一五五〇	二月、大友義鑑が反乱により死去（二階崩れの変）。七月、毛利元就、井上氏一族を粛清。
天文　二十	嘉靖　三十	一五五一	二月ごろ、フランシスコ・ザビエルが山口において再び大内義隆と会談。八月、陶隆房の挙兵。九月、長門国大寧寺において大内義隆が自害。
天文二十一	嘉靖三十一	一五五二	正月、細川晴元が失脚して若狭国へ逃れる。四月、尼子晴久、八か国守護職補任。十二月、備後国山内隆通、尼子氏から毛利氏へ転じる。
天文二十二	嘉靖三十二	一五五三	閏三月（明暦）、浙江総督胡宗憲、倭寇の拠点烈港を襲撃し、以後倭寇が猛威を振るう。六月、三好実休、阿波国守護細川持隆を滅ぼす（見性寺事件）。
天文二十三	嘉靖三十三	一五五四	五月、毛利氏が陶晴賢と断交（防芸引分）。十一月、菊池義武、豊後国木原において生害。

年号	明年号	西暦	事項
弘治元	嘉靖三十四	一五五五	二月、肥後国相良晴広が法度を制定。五月、朝鮮半島西岸一帯を「倭船」が襲撃（達梁倭変）。十月、厳島において毛利元就が陶晴賢を討つ（厳島合戦）。
弘治二	嘉靖三十五	一五五六	三月、毛利元就、周防国山代「八ヶ一揆」を鎮圧。
弘治三	嘉靖三十六	一五五七	三月、毛利氏、周防国須々万沼城を攻略。四月、大内義長が長府長福寺において自害する（大内氏の滅亡）。四月、朝鮮王朝と対馬宗義調が丁巳約条を締結。十月、王直が浙江総督胡宗憲に投降して捕縛される。

著者略歴

一九六五年、島根県に生まれる
一九九四年、広島大学大学院文学研究科博士課程後期修了
現　在、島根大学教育学部教授

〔主要著書・論文〕

『戦国大名尼子氏の研究』（吉川弘文館、二〇〇〇年）
「戦国期西国の大名権力と東アジア」（『日本史研究』五一九、二〇〇五年）
「戦国期の地域権力と石見銀山」（『世界遺産石見銀山遺跡の調査研究』四、二〇一四年）
「国人一揆と大名家中」（『岩波講座日本歴史9　中世4』岩波書店、二〇一五年）
「一五・一六世紀山陰地域の政治と流通」（『貿易陶磁研究』三六、二〇一六年）

列島の戦国史3
大内氏の興亡と西日本社会

二〇二〇年(令和二)七月一日　第一刷発行

著　者　長《は》谷《せ》川《がわ》博《ひろ》史《し》
発行者　吉川道郎
発行所　株式会社 吉川弘文館
郵便番号一一三―〇〇三三
東京都文京区本郷七丁目二番八号
電話〇三―三八一三―九一五一〈代表〉
振替口座〇〇一〇〇―五―二四四
http://www.yoshikawa-k.co.jp/
印刷＝株式会社 三秀舎
製本＝誠製本株式会社
装幀＝河村　誠

ISBN978-4-642-06850-5

列島の戦国史

1. 享徳の乱と戦国時代　久保健一郎著　＊
2. 応仁・文明の乱と明応の政変　大薮　海著
3. 大内氏の興亡と西日本社会　長谷川博史著　＊
4. 室町幕府分裂と畿内近国の胎動　天野忠幸著
5. 東日本の動乱と戦国大名の発展　丸島和洋著
6. 毛利領国の拡大と尼子・大友氏　池　享著
7. 東日本の統合と織豊政権　竹井英文著
8. 織田政権の登場と戦国社会　平井上総著
9. 天下人の誕生と戦国の終焉　光成準治著

本体各２５００円（税別）　毎月１冊ずつ配本予定　＊は既刊

吉川弘文館